シグナル

愛する者たちからのスピリチュアル・メッセージ

Signals

Joel Rothschild

ジョエル・ロスチャイルド
訳　田原さとり

ハート出版

～本書を捧ぐ～

シャロン・ショーへ。
彼女の献身的な愛情と支えがなかったら、わたしがここに記録されている奇跡を生きて体験することはなかったであろう。

わたしを特別な愛で見守ってくれた家族へ。
特に、恵まれない環境にある子どもたちの世話に、その身を捧げ尽くしている妹のパティ・ワードへ。

また、わたしと同じように長いあいだエイズとの苦しい戦いを生きてきたフィリップ・ロスチャイルドへ。

わたしの友人、ゲリー・ゴールドバーグ、モンティ・ヒル、デイヴィッド・ラフ、ジョナサン・ケインズ、ケイティ・ハーバー、リタ・ワイナー、デイヴィッド・ホックニー、パット・グレゴア、デイヴィッド・ベイアンデルセン、ビル・ブラウン、そして、わたしが幸いにも、ともに笑いと愛と思いやりを分かち合うことができた、この本に登場する友人達に。

ビリー・ボローニャ、マーク・サイモンのご家族、最悪の状態の時にその身を尽くして、死に逝く者たちを世話してくれた数多くの人々に感謝を込めて。

そして、マーク・アレン、キャサリン・ディーター、ジェフ・インダスィ、ジェフ・ヤーボロー、リー・ガーストへ、この本を世に出してくれたことに、感謝しています。

ウィリアム・ワーズワース（英国の詩人）

「一個人の最良の財産というのは、
その個人の情愛と優しさに満ちた、
忘れられてしまうような、ささやかな行動の
一つ一つである」

"The best portion of a good man's life is his little nameless unremembered acts of kindness and love."

シグナル

目次

編集者前書き

わたしは、ジョエルの原稿の初めの数ページを読んで、これらの一言ひとことが真実であると、すぐに確信した。そして、ジョエル・ロスチャイルド本人に会い、その思いをさらに深くした。

ところで、彼の周辺にはハチドリ（編集部注：ハミングバード／体長一〇センチほどの小さな鳥。飛ぶ宝石ともいわれる）が姿を現す。

不思議なことに、そのハチドリは、肩に止まったり、彼の手のひらに包まれたりする。さらに彼の手から、そのまま友人の手のひらに、ということもある。彼はハチドリを飼っているわけではない。野生のハチドリなのだ。

これは現実のことなのだろうか？

彼の原稿の仕上げの作業を手伝ったキャサリン・ディーター（作家・編集者）にも、ハチドリが現れた。彼女の仕事ぶりをじっと見守っていたそうだ。

わたしにも、ハチドリは現れた。

それは、最終的な編集作業に入って、最初の休息のときだった。一息つこうと、部屋を出て散歩しているときだった。ハチドリが現れたのである。手を伸ばせば届くほどの距離を、しばらく飛び続けた。もちろん、こんなことは初めての体験だ。

ハチドリは、

「この本の仕事を任せて、大丈夫か？」

とでも言いたげに、わたしの目をじっと見ていた。やがて、

「仕事に戻れ！　この本は大切なものなんだぞ」

と叫んでいるようにも思えた。

もちろん、ハチドリの言葉が聞こえたわけではない。もしかしたら、わたしの想像かもしれない。だが、この本の著者であるジョエルの体験は、わたし以上にたしかな「事実」なのだ。それはこの本を読んでいただければわかるだろう。

ジョエルの体験は、心をワクワクさせるような不思議なものである。

そして、彼の体験は、わたしたちに新しい考え方、あるいは視点を与えることだろう。

マーク・アレン　カリフォルニア

感謝の言葉

まずは、友人でもあるキース・デルヴィラー医師に感謝をささげたい。

彼は、分子研究の生物学者である。

多くの科学者がそうであるように、見合った報酬が少ないにもかかわらず、彼は地道に研究を重ねている。

彼は現在、膵臓癌の引き金となる染色体・遺伝子の研究をしている。かなりの時間を要する研究で、したがって、自分の時間は少ない。その少ない時間を割いて、彼はこの本を書くわたしに協力してくれた。

アメリカの研究者たちは、遮二無二働く。彼らのおかげで、新薬が開発され、医学は進歩した。そしてわたしは、そのおかげでいままで生き延びることができた。彼らの献身的で優れた研究と仕事が、これまで何万人もの命を救ってきたのだ。

いうまでもないことだが、医学の進歩は一人の研究者だけでは進まない。過去の研究の積み重ね、そして多くの人々の協力と努力によって成される。

わたしはキース医師をとおして、エイズの治療薬品の開発への献身に深く感謝を覚えるようになった。

わたしは、また、エリザベス・テイラーとキース・へーリングのふたりの友人にも感謝を捧げたい。

エリザベスは、わたしが一人ぽっちだったとき、励ましてくれた。

それぱかりではない。

映画俳優として著名な彼女は、彼女自身の知名度を利用し、エイズと研究基金の存在を周囲に広め、彼女自身がそのために奔走してくれた。そしてなによりも、人々がエイズに抱いていた差別と戦ってくれた。

彼女一人でエイズがもっていたそういったマイナスな一面を変え、無数の命を救ったといっても過言ではないだろう。彼女は献身的に、そして私生活をも犠牲にしてくれた。彼女がこのことについて費やした時間と金額は、巨額なものになるだろう。

わたしはこれらの業績が、女優としてのキャリアが歴史に残るのと同様に、人々の心に残っていくようにと願っている。

もう一人の友人、キース・へーリング（編集部註：80年代を代表するストリート・アーティスト）は、たくさんのチャリティーを催し、そしてたくさんの基金を設立し、ＡＣ

ＴＵＰ（編集部注：社会活動団体）のようなグループをバックアップした。キースは、一九八九年に亡くなった。

彼らの努力のおかげで、ＦＤＡ（米国・保健教育福祉省の食品医薬品局）も変わった。それまではエイズも含めて、多くの治療薬は国内の薬剤による人体実験的であったが、治癒不可能とされた患者らが、外国の治療や効果的な薬をより早く手に入れることを可能にした。かつては秘密裏に、かつ非人間的に行なわれていた薬品開発が、患者の側に立った開発となり、効果的な薬が、それ以前に比べると何年も早く、死にかけている人々に渡るようになった。それにより、多くの患者は命を救われ、延命することができた。

時代遅れともいえた業界内でのこうした変化・変革は、エイズによってもたらされたともいえるかもしれない。それは、この病気（エイズ）から、ポジティヴなこと（肯定的＝良いこと）が生み出されたと考えてみると、勇気づけられることである。

こういった変革は、これからも他の病気で苦しむ何百万もの人々の役に立つだろう。エイズに関する研究は、何年か前には、考えられなかったほどいくつかの分野で科学を進歩させた。わたしは彼の優しさや寛容さとそれらの行為を、世界中の人々が忘れないようにと願っている。

はしがき

昨晩、わたしはフローレンスの街にかかる何本もの橋をみつめていた。
昼間、それらは美しいものであるが、夜景は一層、息を呑むように美しい。
光り輝く街。荘厳で光臨のようなライト。
イタリアのこの特別な一都市は、何かすてきな魔法に包まれているようでもあった。
わたしは魔法の街をみつめていた。
街にピアッツアレ・ミケランジェロの香り漂う風が優しく流れた。
突然、わたしを何か力強い言い知れない感覚が襲った。

【橋というものは、わたし達の人生の、最も重要な部分である】

アルバートが、わたしにこの考えを送ってきたのではないか、とわたしは思う。

アルバートとは誰？

ああ、それは、まさにここから、この格別な一冊の中からあなた自身に見つけて欲しい。

前日の夕方、ピアツッアラからホテルの部屋へ戻ってくるまで、わたし自身もアルバートについて何も知らなかったのだから。

＊　＊

わたしはいま、「わたし達はひとつである」ということを伝えるためのワールド・ツアーの最中である。世界各地の人々に「神との対話」から得られたメッセージを伝えている。メッセージは美しい究極の結論であり、それは、とてもシンプルなものだ。わたしは、このツアーにジョエル・ロスチャイルド氏の書いた『シグナルズ』という本を持参した。

韓国、ノルウェーのオスロと巡り、そしていまイタリアにいる。言葉や社会背景や信仰、そして文化や伝統の異なる人々に会いながら、わたしは、深く考えてしまった。

それは、異なる文化や伝統をもった人々に、わたし達が一つであるという考えをどのようにして広めることができるか？　どうやったらそれぞれの民族間のギャップをうめることができるか？　ということだった。

わたしは、昨夜、フローレンスの街の、アルノ川にかかる橋が水面《みなも》に映るのを見ていて、思い至ることがあった。そして今朝、目覚めると同時に、ジョエルの原稿を読む必要を衝動的に感じた。そう、いますぐに読む必要性を感じたのだ。

わたしはすぐにジョエルの本を手にした。

予定していたアカデミア美術館のダビデ像の鑑賞は、後回しだ。

ページをめくる。

そこには何か特別なものがあった。何か別の芸術というか、計り知れない感動的な賜りものを、わたしはその本に感じた。

みなさんに、いまわたしはそれを手渡す。もし、あなたがこの本を手にとっているのなら、閉じないでほしい。書店の本棚に戻さないでほしい。この本は、あなたが読むべきものなのだ。あなたは、この本と出会うべくして出会ったのだ。そうでなければ、あなたがこの本と、ここで出会うはずはなかったのだから。

この本を受け取ってほしい。

この本は、〝橋〟なのだ。

この橋は、世の中を変える。なぜなら、この世の真実であるとされていることや、わたしたちが抱《いだ》いている既成概念や既成事実と、〝この世の向こう側にある世界〟の事実のあいだにかかっている〝橋〟であるからだ。

この本に書かれていることは、人生について、死について、愛について、神について、つまり、唯一のもの、そのすべてについてである。

著者のジョエルは同性愛者である。そのため、この本には、同性愛者としての体験が収められている。だが、わたしは、あなたが同性愛者であっても、そうでなくても、大きなかけ橋として受けとめていただけるだろうと信じている。

わたしは「神との対話」で、神はわたし達すべてを包み込んでくれるのと同様に、永遠の愛で同性愛者の人々をも包み込んでいることを明らかにした。

それ以来、神からのメッセージを世界中の人々に伝える方法を模索してきた。というのも、この世には、人為的につくられたさまざまな〝色分け〟があるからだ。

同性愛者といわゆる普通の人々、黒人と白人、クリスチャンとジューイッシュ（キリスト教徒とユダヤ教徒）、ムスリム（イスラムに帰依する人々）とキリスト教原理主義者、アイルランド系カソリック信者とプロテスタント信者、男性と女性……などだ。わたしはそうした色分けを超えて、神のメッセージを伝える方法を長いあいだ探していた。そして、色分けの中でもっとも大きいものは、「生」と「死」だが、それをつなぐ架け橋を、わたしはこの本にみつけたのだ。

ところで、この本に書かれていることが、すべてなのか？　すべての推論や結論、一つひとつの微妙な感じ方、意味されているものの陰にあるもの一つ一つに賛成なのか？　と問われるとわたしは迷う。なぜなら、この本に書かれていることを完全に理解するためには、わたしの能力が限られているからかもしれない。もしくはまだ明かされていないことを自分で見つけるために、もう少し何かを残しておきたいだけかもしれないが。

いずれにしても、ここに書かれていることの多くは、霊感的な閃き以上のものだと思う。それは照らされ輝いている、偉大な衝撃と重要性を持つ啓示、黙示ではないだろうか。

ところで、ジョエルのこの本の中で、はっきりと賛成できない部分が一つだけあることを、みなさんに伝えなくてはならない。

本文の初めから、五段落目の文章だ。

それはこういう文章である。

「人間として、わたし達はみな、他人の経験・体験を互いに理解するための能力に、限界があるからだ」

しかし、わたしは、彼の体験を完全に理解できる。あなたもきっとそうだろう。

彼がこの本の中で言っている「わたし達の誰にも内在する声」、つまり、わたし達の個々の部分にある、しきりに聞いてほしいと願っている声を聞くことができるということだ。

愛というものをわたし達は知っている。そして、誰もが皆、永遠に無条件で愛され、愛することを求めている。内なるわたし達は、そのことをよく知っている。

だからこそ、愛によってわたし達は統合されるのだ。

この本を理解するため、もしくはここに登場する人々を理解するために、あなたは同性愛者である必要はない。単に、同じ〝人間〟として、あなたの中の人間性に目を向けるだけでいい。

そしてこの本の美しさは、たとえあなたが初めはそれを感じられなかったとしても、やがてはあなた自身の真の人間性が呼び覚まされ、さらにその覚醒が、周囲に広がっていくことにある。

それはあなたに計り知れない変革をもたらすだろう。

そうした変革は、あなたの人間性の内面へとつながり、やがては、「本当の自分とはなんなのか？」

ということに、あなたを目覚めさせることになるだろう。

そう、この本は、あなたの人生における最も大きい疑問を解いているのだ。死ぬ前に、つまり生きているあいだに、死の疑問への解答を得ることができる。これはいうならば人生最大の贈り物なのだ。

その意味でも、「人生とはなにか」を考え、その答えを探し求めている人々にとって、この本は神からの贈り物でもある。永遠なる真実の源なのだ。

わたしはそれを「静かなる知恵」（Becalming Wisdom）と呼ぶ。

その静かなる知恵は、命の始まりから今日に至るまで、ずっとわたし達自身の魂から魂へと引き継がれているものでもある。

それがなんであるか。それを知ることで、わたし達は安寧《あんねい》を得ることができるだろう。

それ――

それこそが、わたし達が長いあいだ待ち続けた神からの「シグナル」なのだ。

今、再び、神がわたし達にシグナルを送ってきている。

それは、さまざまな形である。
「声」であったり、「気付き」であったりする。
ジョエル、ありがとう。
君が勇気と知恵と愛とともに、合図を声にしてくれた。本当にありがとう。

ニール・ドナルド・ウォルシュ

一九九九年九月三日　イタリア、フローレンスにて

序章

シャロン・ショーは、わたしが本当の意味で愛し、信頼を寄せた最初の人物だった。彼女は、わたしがエイズで死にかけていたときに、前向きに進み、病気と闘う勇気を与えてくれた。一九九五年まで、わたしは、まさか自分がこの本を書くほどに長生きできるとは、決して信じていなかった。

一九八六年、わたしの主治医（内科医）たちは、わたしの残りの人生は三年以内だと言った。

一九九四年、今度はわたしの死期を一二ヶ月以内だろうと、医者たちは予測した。

現在すでに一九九九年であり、わたしはまだ生きていて、健康的である。わたしは、医者たちの予測以上を、生き延びている。皮肉なことに、わたしのかかった医者たちの中の二人よりも、長生きしている。

これまでの日々はわたしにとって、佳《よ》き日々であった。まるで二度目の人生を借り受けることができたような気分だ。しかし、わたしが生き延びているこの事実は、この物語のほんの一部にすぎない。このストーリーは、わたしの人生に起こったこと、つまりわたしが長生きできているということよりも、はるかに奇跡に近い、わたしの身に起こった信じられないようなことなのである。

＊　＊

数年前のことだ。

わたしはシャロンに手紙を書いた。シャロンとわたしは、かつて毎日電話で話をし、一週間に一度以上は、顔を合わせていた仲だった。しかしここ数年間、シャロンに会う機会は少なくなっていた。別に、彼女が嫌いになったというわけではない。ただ、人生における引き潮のような流れが、お互いを疎遠な関係にしてしまったようだ。

その彼女への手紙が、この本になった。

彼女へ手紙をしたためるたびに、わたしの思いは、なんども彷徨《さまよ》った。

「人生は何時もどのようにして変わりゆくのか、特に予期していなかった方向へと」死期を宣告されながらも生き続けているのは、わたしにとってまさに「期待していなかった、予期せぬ」ことでもあった。わたしは、現在、エイズ発病者の中での、特に長生きをし続けているサヴァイヴァーの一人だからだ。

しかし、これは最大の「予期していなかった出来事」ではない。つまり「末期のエイズ患者の長生きの記録」ではないのだ。それよりももっと衝撃的な精神的、霊的な気づきの話である。

この話は、完全なる真実である。だから、わたしは起こった出来事を忠実に書くことにした。本文の意図と関係ない場合は、なるべくわたしの個人的な思い入れは省略した。

ヴィクトル・フランクルの歴史書である「Man's Search for Meaning」（邦題：夜と霧）にでてくるホロコーストの話を思い出していた。彼の体験は、わたしの心を強く打った。機会があり、わたしは彼の話を聞いたことがある。

彼は、その話のなかで、出版にあたって、当初は匿名で出版したかったそうだ。しかし、実名にしたのは、その本に書いたことは、自分の人生そのものよりも重大なことに思うようになったからだそうだ。つまり、「実際に起きたことの記録」がすべてなのだと、感じたそうだ。書かれている解釈だとか注釈といったたぐいよりも、なにより事実こそが重要なのだ…と。

わたしもまったくそのとおりだと感じる。

わたしのこの本に書かれている一連の体験、出来事は一九九四年六月一日に始まり、この本の出版で山場を迎える。

そして「実話」である以上、わたしの個人的な生活背景を切り離すことはできず、エイズ患者としての体験は、この本の出来事と密接に繋がっている。こうした実体験を書くことで、わたしの性格（疑り深い性格）は、いくらか変わったと思う。

ところで、映画『スター・トレック』では、The Vulcan Mind Probe（気持ちを読みとる機能）があり、ナタリー・ウッドの遺作『ブレインストーム』でもまた、興味深い場面が出てくる。それは、ある個人の感情や経験を別の個人へ移す実験計画、つまりこの計略によれば、ある一個人が、まったく別の人の人生を体験することを可能にする——というものだ。

実際に、これらのことが可能であったなら、わたしの体験を、読者のみなさんと分かち合えるのだが——

映画のシーンはすばらしいファンタジー（想像の世界）だが、実際、別の人の体験を完全に理解することは不可能である。わたし達の学んだことのうち、かなり多くのことが、それらを受け入れ、理解されるためには、まず、体験されなくてはならない。わたし達のコミュニケーションの能力には限りがある。

特に、そのことを見たことも聞いたこともない人に状況を説明することは、むずかしいだろう。また「癒し＝ヒーリング」や「成長」、「希望」といった抽象的かつ、かなり個人的な信念や考え（人によって異なるようなものの場合）については、さらに説明が困難になる。わたし達の日常生活を超えたところからやってくるシグナルや、形而上、抽象的なものとの（想像を超えたものとの）遭遇を説明するのは、ほとんど不可能にみえる。

これらを自分で体験する以前なら、わたし自身がこの本の読者であったとしても、「作者によってでっち上げられた、似たような空想の物語」としてかたづけていただろう。

読者であるみなさんも、わたしと同じような体験をされていないのなら、おそらく、これらのわたしに起こった出来事を疑うのではないかと思う。

しかし、信じてほしい。

ここに書かれている出来事によって、わたしの人生は大きく変わった。

わたしが抱いていた平和（平穏、やすらぎ）への価値観、物事の決定や覚悟、許しといった価値観が大きく変わったのである。

わたしの肉体は、エイズ治療の新薬と軌を一にして、快復してきたものの、死期を宣告されているときは、死は身近にあった。

しかし、身近に死を感じながらも、死後の生活、死後の世界のことについては、懐疑的であった。

その死への懐疑的な思いが、この世を超えた向こうからの奇跡的なシグナルと一連の出来事によって、ほぼ完全に、解かれたのだ。そして、わたしが以前抱いていたような古い不可知論（認識外あるいは経験外にあり、体験できないもの）的哲学よりも、この世（地球）とあの世（＝天国）には、もっと何かがあるのだと思えるようになってきた。

この本が、真っ暗なトンネルの中にいる人に出口に向かう光となるならば、本望である。

ガラス瓶に半分の希望が入っている。

「半分しか入っていない」

のか、それとも、

「まだ、半分も残っている」

のか。半分しか入っていないのではなく、半分も残っている――という見方を、本書によってすることができるようになると信じている。

人生には挫折や絶望は付き物である。しかし、それらは新しい実りのための肥料であり、糧なのだ。

その実りが、この本なのである。

第1章

失われた命・破られた約束

一九九四年六月一日

憎しみ、憎悪というものは、「一般論」というものを基《もとい》に作られ、支えられてきたものであり、それゆえ、わたしは、その「一般論」というものを信用していない。

とはいえ、わたし達は、〝一般的〟に、自分たちと似ている人々と、より容易に関わることができる一方で、自分たちと異なる人々について理解するのは、とても困難だという事実はある。

おそらく、白人が完全に黒人の体験を理解することはできないだろうし、同様に、クリスチャン（キリスト教徒）がユダヤ教徒を理解することはできないだろう。

また、男性が女性を理解することも、ゲイ（ホモセクシャル・同性愛者）の人々がストレート（ヘテロセクシャル）の人々を理解することも、完全にはできないだろう。なぜならば、人間として、わたし達はみな、他人の経験・体験を互いに理解するための能力に、限界があるからだ。人はある程度の情（感情移入する気持ち）や感性を変える幅を持っているが、ずば抜けて大きな感情移入ができる人や、思いやり、そして敏感な感性を持っている人は、他者の思いを理解するという意味で、とても重要な存在だ。

わたしの友人であるアルバートは、わたしが知りえる人々の中で誰よりもそれを持っていた。

アルバートは、虫一匹も殺さなかった。もちろん動物も殺さない。殺される虫や動物の思いや痛みを容易に想像し、体験できたからだ。彼が菜食主義だったことはいうまでもない。

アルバートのことをどうしたら、正確にみなさんに伝えることができるだろうか。紙やインクがいくらあっても足りないように思う。

その彼が、死んだ。

わたしは、一九九四年六月一日の正午、アルバートの住んでいたこぢんまりとした家のドアを開けた。中に入り、彼が死んでいるのを見つけた。

部屋は祈りのために灯《とも》されたろうそくでいっぱいだったが、そのうちの一本は、まだ燃えていた。テーブルには、空になったワインボトル。窓の日よけシェードは下ろされ、床には空になったピル（薬）のカプセルが散らかっていた。

彼はわたしの大親友であり、相棒でもあり、家族も同然だった。わたしの人生に笑顔を与えてくれた。

その彼が、目の前で死んでいる。しかも、自分で自分の命を絶った。

彼の冷たく、血の気を失った体を抱き、わたしはただただ咽《むせ》び泣いた。わたしの体の全細胞にショックが走り、やり場のない怒りと、苦しみにもがいた。

心臓が高鳴る。耳鳴りもする。

「なぜだ！　アルバート！　なんで君が……」

わたしは叫んだ。これは、夢に違いないと思った。神よ、どうか目覚めさせてください。お願いです、神様、わたしをこの悪夢から起こしてください。

しかし、わたしは、これが夢ではないということを十分知っていた。

こみ上げる涙。嗚咽。わたしの人生で一番親しかった人間、真の友の冷たい体を抱いて揺すっていた。わたしは、身震いしていた。ショックのあまり倒れそうだ。

わたしは気を失わないように、吐いたりしないように、倒れないように必死だった。

彼は、自殺してしまった。

その彼の身勝手な行為は、彼と交わしたすべての約束、彼は決してわたしを見捨てないという約束を含めて、そのすべてを破ってしまったのだ。

＊　＊

わたし達は、自殺について話し合ったことがあった。

友情を分かち合ってきたこの長い年月のあいだに、話し合わなかったテーマなどないだろう。

わたし達はこんなことを約束していた。

【もし、わたし達のどちらかが自殺を選んだ場合、別れを伝え合い、少なくとも互いに二四時間の猶予を与えること】

その約束が守られたら、わたし達は最期の時間をともに過ごすこともできたのに
……そう思うと悔しくてたまらなかった。

アルバートは、電話もくれなかった。もし自殺までの猶予として二四時間をともに過ごすことができたなら、もしかしたら彼は自殺という選択を変えたかもしれない。

しかし、彼はそれをしなかった。

わたしにとって彼がどれほど大切な存在だったか、どれほど彼を愛していたか、知

っていたはずだ。そう思うと、わたしは再び怒り、激怒で震えていた。

彼はわたしを裏切ったのだ。

わたしは彼が残したかもしれない、今回の自殺を説明する遺書のような手がかりを探したが、何もなかった。

わたしはアルバートに、そして神に向かって叫んだ。

「なぜ！　どうしてなんだ⁉」

心がますます痛む。痛みが次々にあふれ出していた。頭のなかが真っ白になって、これから何を、どうしていいのかわからなかった。

「ばかやろう！　お前にとってボクは、いったい何だったんだ？　どうしたら、ボクをこんな目にあわせるんだ！　どうしてここにボク一人を置いていくんだ？　なぜ、いまなんだ？　お前なんて、本当はボクを愛してなかったんだろう！」

叫んでも、叫んでも悲しみや痛みは癒されることはなかった。

＊　＊

わたし達は死について議論したことがあった。そして約束したことがあった。

ふたりとも、エイズ（ＨＩＶ＋《プラス》）と診断されてから何年も経《た》っていたし、ともにそれによって互いに多くの友人を失っていた。わたし自身、数年間、かなり重症になり、実際にその時は、わたし自身、自殺のことを考えた。

一方、アルバートは、健康を保っていた一人だった。そして物の見方が明るく、精神世界にも興味を持ち、死後の世界を信じていた。

そうした背景もあり、わたし達は、かなり前に、つぎのような約束をしたのだ。

【ふたりのうち先に死んだ者が、残されたほうに接触を試みよう、どんな方法であってもできる限りの心霊現象能力で合図を送ろう】

と、約束したことがあった。つまり、先に逝《い》った者が、死後の世界、この世を超えた世界があることを知らせるために、なにかのシグナルを送ろうというわけだ。

ふたりともエイズと診断され、死は決して他人事でも遠い未来のことでもない。それだけに死後の世界が存在するということは、ふたりにとって、「希望へのシグナル」となるのだと思っていた。

＊　＊

しかし、アルバートの死を全身で受け止めている今、彼との約束などどうでもよかった。

彼のシグナルなんて欲しくなかった。

彼が、この世とあの世を超えてなにかを伝えてくれても、意味がない。たとえ彼が、虹で空にわたしの名前を描こうが、わたしに超能力を与えてくれようが、わたしには、どうでもよかった。

なぜなら、彼が何をしようとも、かつての生きた肉体・存在と友情ほどには、現実味はないからだ。だから、シグナルなんて問題ではなかった。

なにより彼は、ふたりの約束をやぶり、わたしを見捨てたのだ。彼の声を聞くことはもう、二度とないのだ。それは、ただ一度、彼がついた嘘であり、想像を超えた嘘だった。

彼は逝《い》ってしまった。

わたしが抱いているこの体は、二度と動くことはないのだ。

今、わたしには、彼が生きていたあいだ、彼がわたしを愛していたこと、そしてわたし達が分かち合ってきたことが真実であったことを知る必要があったが、もはや彼はそれをわたしに伝えてくれることができないのだ。

＊　＊

検視官、保安官、そして友人たちがやってきて、テコでも動かないわたしの手をなんとか彼の屍《しかばね》（死体）からひき離した。

わたしは部屋を去ることができなかった。

彼らは、最後には、泣き叫んでいるわたしを一人にしてくれた。

静寂が漂う彼の部屋。外から声が聞こえてくる。

「もうしばらく、一人にしておいてやろう」

「いや、家まで連れて行ってやったほうがいい」

わたしは、この場を決して離れるものか、と心に誓っていた。わたしは動かないつもりだった。苦痛しか感じられない。時間の感覚もない。数分が数時間にも感じる。

アルバートはどこへいったのだ。

＊　＊

彼の体は、持ち去られた。わたしには、彼のぬくもりを二度と感じることができないことがわかっていた。二度と彼の声を聞くこともない。わたしは、時間もわからないまま、凍りついたように絶望に打ちひしがれて、呆然《ぼうぜん》と座っていた。

やがて外の人々の声が小さくなった。

警察官は去り、わずかな友人だけがわたしが出てくるのを待っていた。彼らは、わたしを家まで送り届けようとしていたのだ。彼らは静かだった。わたしは、泣き叫ぶのをやめ、すすり泣いているだけだった。

昼間の陽光は傾き始め、わたしは、不思議な静けさを感じ始めていた。それは、ほんのわずかなあいだに違いなかったが、不思議と苦痛が和らいでいくような感じがした。

そしてわたしは彼の存在、気配を感じた。まるで、彼がそこで話しているように感じたのだ。

わたしの耳で彼の言葉を聞いているのではなかったが、しかし、五感の感覚では示すことのできない、かすかな叫び声を感じたのだった。

わたしは彼の声を〝感じた〟。

彼は、わたしに訴えていた。

（外に出て隣りの家の裏のゴミ箱を見つけろ）と言っていた。

【君が必要としているメッセージを見つけることができるよ。その紙切れを持って、家に帰るんだ】

わたしは外へと走り出て、狂ったように隣家の裏のゴミ箱の中、ゴミや不用品の中を探した。みんなは、わたしが悲しみのあまり、頭がおかしくなったのかと思った。

ゴミ箱のずっと底に、アルバートの最期の言葉が書き記されたものを見つけた。

彼は、誰にも決して見つからないように、わざと隣りの家のゴミ箱に紙切れを埋め、隠したのだ。そのメッセージは、完成されてすらいなかった。いたるところで、言葉がかき消されていた。そして涙の痕《あと》で覆われていた。

そのしわしわのメッセージは、

「わたしのこの世で最愛なるジョエル」

で始まり、

「君はわたしの最愛の友だ。永遠に君を愛するだろう」

と結ばれていた。それはまさに、わたしが知りたかったことだった。

彼の最期の時に彼はわたしを思っていてくれたのかどうか、わたしはそれが知りたかったのだ。

彼に対する裏切られた思いは消えていった。

家までの帰路、わたしはそのメッセージを大事に握りしめていた。

わたしは部屋に戻ると、ベッドに身を横たえた。心地よかった。

そこは、外の空虚な世界からの避難場所だった。わたしはアルバートと永遠の友情を分かち合っていたことを知ることができた。彼の死が現実となった中で、それはわたしのささやかな喜びでもあった。


その夜遅く、アルバートはわたしのところを訪れてくれた。

彼の訪問はそれ以後、何ヶ月ものあいだ続いた。

アルバートの訪問が何を意味するのか、その時わたしにはわからなかった。今のこの小さなさざ波が、やがて多くの人たちの人生に衝撃を与えたことになるとは、その時は知る由《より》もなかった。

「すばらしい贈り物」が、わたし自身に与えられていたことに、その時わたしはまだ気づいていない。しばらく、時間が必要だった。

わたしの未来は徐々に変わりつつあった。

わたしの心の奥底の深い変化を、言葉や活字で表すにはむずかしい。

それは言うなれば、旅を説明することと同じだ。そこへ行って、体験しなければわからないことはたくさんある。むずかしいことを理解した上で、わたしはあえて、それを試みようと思う。

第2章

そして去りゆく名前

アルバートの自殺は、わたしにとって最悪の時期だった。

というのも、三人の親しい友人たちが死にかけていて、わたし自身の健康状態も悪化しており、かろうじて生きながらえているという状態だった。

わたしに限らず、人生はジェット・コースターのようなものだ。ねじれ、回転しそして、変化する。彼の死は、予期せぬことが当たり前のように起こり得ると教えてくれた。なぜならわたしは、アルバートが絶対自分より長生きすると確信していたからだ。

ある友人がわたしに言ったことがある。

「君たちが期待しているような人生の脚本なんてないのさ」

その言葉が突然、現実味を帯びたのだった。

一九九四年六月一日は、その後のわたしの人生の方向を永遠に変えてしまった。それは、いつもとたいして変わらぬ朝で始まった。多くの劇的といえる人生を変えるような出来事というのは、日常的な朝で幕をあけるものかもしれないが。

わたしにとっては、結構、気分が好く、それ自体が少し奇跡的ともいえるものだった。わたしの健康状態は、一年以上前から悪化し続けていた。生きていることにさえ、ここ数ヶ月間は、とてもつらいものだった。体重は減り続け、気分はかなり落ち込んでいた。アルバートの存在がわたしを支えていた。彼がいるから、わたしは生きていたといってもいいだろう。

アルバートとの友情は、わたしの人生で最も愛しく、かけがえのないものだった。人と人とのあいだには、すばらしい友情が芽生え、花開く。そして、お互いが恋に落ちる。なぜそうなってしまうのかを説明することはむずかしい。

ふたりの関係は、わたしがそれまでに知っているどれとも異なっていた。というのも、アルバート自身が、他の誰とも違っていたからだ。

彼は、優しく、慈悲の心に満ちていた。

彼は、周囲の人々に自分の生活費を削ってお金を援助していた。また、彼自身がエイズでありながら、エイズ患者のホスピスのヴォランティアをしていた。

そんななか、アルバートは現在の社会に、当惑していた。まるで車のヘッドライトに突然照らされた暗闇の中の鹿のように……。

とてもハンサムなアルバートは、男からも女からも常に利用されていた。彼もそれをわかっていて、ある日、彼はぽつりと「美しいというのは厄介なもんだね」と皮肉っぽく言ったことがある。

わたしは、美男子ではない。だから彼のような悩みも経験もなかったので、彼のつぶやきが何を意味していたのか、そのときはわからなかった。あとになって、肉体的な美しさで他人を惹きつけてしまう人たちは、それゆえに、「拒否」という形で他人を否定しなくてはならない苦悩があることを知った。

アルバートはとても優しい。他人の心がわかる。だから理由はどうであれ、断られた人の心の痛みがわかる。だから、彼にしてみればそのこと自体がとても苦痛だったようだ。

わたしは、こんな彼の優しさが自殺の一因でもあるように考える。

アルバートには、彼自身も気が付いていないような才能があった。

彼は、優れた芸術家であり写真家でもあった。彼の才能は、著名なほかの芸術家をもはるかに超えていた。

彼には、ずば抜けたデザインの才能があり、すばらしいスタイル感覚を持っていた。そしてもの静かで、神秘的で、不思議な雰囲気を醸《かも》しだしていた。彼がいる場所は、常に輝いていた。

わたし達は、何年ものあいだ、親密な友人関係だった。それは、ちょっと変わった友人関係だったかもしれないが、ふたりの出会いは幸運だった。

＊　＊

わたし達は、どちらもマイアミで育った。

わたしは、マイアミ・ビーチで育ち、残念ながら、よくあるユダヤ系のうまく機能していない家族の一人息子だった。わたしは、bar mitzvah.（バー・ミツバ＝ユダヤ人男児の成年式）まで封建的な旧式のユダヤ人学校に通っていた。

しかしその後は、シナゴーク（ユダヤ教の寺院）での宗教的なことも、精神的なことにも関心がわかなかった。教義に関心がなかったからかもしれない。結局、わたしは神について関わらなくなっていた。

幼いとき、海でよく遊んだ。海は子ども心にも安らぎを与えてくれた。当時は、まだ公害も海岸開発もなく、ゆたかな自然が残っていた。

どれほど多くの日々を海で遊んだだろう。裏庭のすぐ近くにあった水辺を探索したり、思春期に入ってからはスキューバ・ダイビングで海に潜ったりした。

一方のアルバートは、キューバ系の医者家族の一人息子だった。

彼は、マイアミの北に位置するハイアレアに住んでいた。彼の幼少年時代に受けた教育は厳しく、カトリックだった。わたし達は、どちらも小さい家族の出で、どちらも、姉妹が一人いた。そしてわたし達は、どちらも、両親の期待に背き、家を継がなかった。

わたし達の家族は両方とも、ゲイの息子を扱う心の準備がなされていなかった。それは当然のことだろう。どの家庭も自分の息子がゲイになるなどと、思ってはいないだろうから。

わたしの場合は海だったが、アルバートのお気に入りはダンスだった。ダンスが彼の心を癒し、安らぎをもたらした。

そのダンスがふたりを出会わせた。

一九七七年、マイアミのディスコ【アンクル・チャールズ】のダンスフロアーがふたりの出会いの場所だった。

グロリア・ゲイノール（Gloria Gaynor）が『I Will Survive』を歌っていて、アルバートは、テレビで流行の『Dance Fever』のダンスのステップを練習していた。

ふたりに共通していたのは、どちらもこのディスコに来るには若すぎるということ。そして、自分がゲイであることを認めていたこと。そしてその時間は家で勉強しているはず、ということだった。

ふたりはすぐに意気投合した。

ふたりの友情は二年間続いた。とくに最初の一年は、ほとんどの土曜日の夜はお互いによくしゃべった。その多くはたわいもないものだった。

ダンスクラブの大人たちのこと。自分たちよりも年上で自分たちと違っているということ。音楽のこと。ダンスのことなど。

わたしがアルバートのダンスや服装を誉めると、彼は、わたしの体つきを誉めたりした。

七〇年代――ふたりとも十代。大人の世界にやっと入りかけた、まだまだ子どものふたりだった。

この気軽な関係は、それ以上のものに決してならなかった。

やがてわたしは、カレッジに進学するためマイアミを離れ、アルバートは、高校を卒業すると、モデルになるためにニューヨークへ発った。ニューヨークで彼とは数回会ったが、それ以来、一〇年以上会うことはなかった。

＊　＊

わたしは学位を取り、そしてそれまで学んだことを活かして、アトランタのジョージアで、『スポーツ・ジムと健康スパ』のビジネスを始めた。

このビジネスは当たった。流行にも乗り、業績はアップした。

このビジネスの好調は数年続いた。

だが、やがて、わたしは多くの顧客が病気にかかり、死んでいくのを見ることになった。

一九八四年まで、一時期は数千人のメンバーをかかえ繁盛していたビジネスが、エイズが世間の注目を浴びると同時に、見る見る衰退していったからだ。わたしのジムも生き残りをかけて苦労していた。

感染していなかった顧客の多くは、ゲイであることを明らかにすることを避けるようになった。その他の人は、古い家で犬や猫を友にして世俗を離れた。こうしてアトランタのゲイ・コミュニティは縮小されていった。

わたしは、もっと陽気の好《よ》いところへ移るため荷物をまとめることにした。ロス・アンジェルスだ。ロス・アンジェルスのゲイ・コミュニティ（ゲイの人口）は、格別に大きいため、エイズの影響は、アトランタに比べてそうひどくはないだろうと考えたからだ。そこでは、人生の冒険と伴侶を自由に求められるはずだった。

ジョージアのジムが成功したおかげで、それなりの資金もあった。また、ボディビルダーとしての体格には、自信もあった。

はたしてわたしは、うまく落ち着き先を見つけることができた。

すぐにマーク・サイモンという新しいパートナーを見つけ、少人数ながらも親しい、すばらしい友人関係を持つことができた。

わたしの生活は充実していた。ジムでよく働き、そして、ロス・アンジェルスの美しいサンシャインを楽しんでいた。

典型的な快楽主義のカリフォルニアの生活。

若いわたしには長すぎるようにも思えた享楽は、数年続いた。

この享楽は将来もずっと続くと思われた……。

しかし、わたしの計画は、突然、砕け散った。

ある日差しのまぶしい晴れた日のことだ。

わたしは、呼吸に軽い異常を感じ、のどに痛みを覚え、のどのリンパ節が腫《は》れているのに気がついた。

そのときは何でもないと思って、数日間、症状を無視していた。だが、四〇度近い熱に襲われたのだ。わたしはようやく医者に診てもらうことにした。

そこで、なんとエイズと診断されてしまったのだ。

何年ものあいだ、安全な性交渉を心がけてきた。それなのに……。

＊　＊

その後の数年間、わたしは自分の健康を維持するため、さまざまな病院や医者、援助団体をたずねた。だが、たいていの場合、穴の開いたタイヤに空気を入れているような気分になるだけだった。

わたしは自分の健康と人間関係、そして将来を考えて、なんとか現状を維持しようと最善を尽くしたが、それは容易なことではなかった。気持ちを奮い立たせて日常を過ごしていたが、気持ちは晴れなかった。

それでも、定期的にジムで運動をこなし、こじんまりとした友人関係を楽しんでいた。

症状は悪化の傾向にあった。一九八四年から九二年のあいだに、わたしは一人親しい友人を亡くした。それはある意味「ラッキー」だったといえるかもしれない。「たった一人だけだった」のだから。

そのころ〝友達〟という言葉が、わたしにとって、特別な意味を持つようになっていた。

尊敬と憧れの対象であった友人の中の幾人かが、死に掛けていた。その中の一人、ロバート・コーヘンが亡くなった。わたしと彼は、長く友人関係にあった。わたしは数年前、ロバートにアトランタのわたしの自宅の庭の話をしたことがある。自宅を手放して数年経っていたが、その庭がいまはどれほど美しくなっているだろうか、とロバートに語った。すると、ロバートは、

「ジョエル、知っているかい⁉ 庭作りは、時間がかかるものなんだよ」

といった。わたしは同感し、そして答えた。

「友情もまた然《しか》りだね」と。

時間が経つということは、不思議なことでもある。

植物は育ち、花が咲き、実り、友情は時とともに深まる。そして、悲しみは、時間だけが、それをやわらげてくれる。ロバートの死の悲しみも、また時間が癒してくれるのだろうか。

＊　　＊

わたしは、友人を失うことの悲しみを癒す方法を学んだ。それは、わたしが生き続

けるための手段でもあった。

そんなある日の午後のことだ。

わたしは古いアドレス帳を取り出して電話番号を探していた。

たくさんの友人、知人たちの名前がある。ふと、そのアドレス帳の中でいったい何人が死んだだろう、と数え始めてしまった。

その日、わたしは二六人の名前の上に〝死亡〟(「dead」)の文字を書き入れた。

アドレス帳に覚え書きの欄があり、人物の特徴などが書いてある。二六人に共通しているものがあった。彼らは、みな、心優しい、温かい人々だったのだ。

わたしは認識した。わたし自身がいつ犠牲者になるかもしれないと……。

いままで生き延びてこられたのを幸運と思っていたが、そうではない。

わたしはエイズの犠牲者名簿の真っただ中にいるのだ。


おそらく次のリストが、わたしのささやかな覚え書きとともに、わたし達を覆っていた絶望的な記憶を留《とど》めることに役立つかもしれない。

ヴァンス・ブリテンライカー　(11/1/63　芸術家)

リー・ブレヴァード　（パリ、７９、宝石）
ビリー・ベルナルド　（フリー・カード）
アル・ギャンベルグ　（メイシーズ　&アトランタ　デザイン）
ジョン・グールド　（パナマウント／ウォーホル／Paris 15 Rue Cherche Midi）

ケニー・サッチャ　（スポーツ・コネクション・ドラッグ）
フィル・ガニスン　（ブルース・ディゾンの友人）
キース・ヘーリング　（電話は自宅オンリー。秘書：ジュリア・グレン）

アーニー・クルーザーズ　（スタジオ1、招待、V.I.P.）
グレッグ・ステュワート　（ペッパーダイン。ケヴィン・Fと、兄弟ブルース）

シェルドン・アンデルソン　（L.A. 銀行）
リチャード・ガーナー　（CPA：公認会計士）
デイヴィッド・ポラード　（弁護士。車中電話）
ユージーン・ライマン　（ジム・ブルッカーと一緒に会った）

ジョージ・クローリー　（スタンのボーイフレンド）
デイヴィッド・ショルティス　（ドックの友人、アトランタT.Jの友人）
ジョン　（ケヴィン・フォーラー・チーズケーキ工房より）

パトリック・マックギール　（アルバートの友人）
アーサー・プロモフ　（クリフ、デイヴィッド・ジェフェンの仕事）
ブルース・ヴァイントローブ　（デザイン、L.A.）
エリック・フィッシャー　（ウェイン）
ビル・ミラー　（アスレティック・クラブ）
ダン・ストーン　（[A Course in Miracles] コース・イン・ミラクル）
ビリー・ジャクソン　（ビリー・ボローニャの友人）
ダッグ・ハリソン　（J.T.）
ランス・ストゥガート　（ヘア）

人生には別れと出会いがある。
しかしおなじ別れでも、それが「死」という形でもたらされるのは、「特別な意味」

をもつ。アドレス帳の中の〝死亡〟と書き入れた二六人の名前……。わたしは二六人の名前を読みながら泣き崩れた。そして、涙の中から導き出した結論は、人生は無意味だ、ということだった。

＊　　＊

一九九〇年、ロス・アンジェルスのアスレティック・クラブでわたしはアルバートと再会した。クラブは、落ちぶれはじめていた。数年前は、とても人気のあるジムだったが、今や、残っている体力をなんとか維持しようとしているエイズ患者であふれているようでさえあった。

わたしはその時、ロッカー・ルームで優雅な雰囲気の男性を見かけた。

わたし達は、どちらも相手を認知していなかった。それは、それほど驚くことでもなかった。すでに何年もが過ぎていたのだから。

アルバートは、ちょっとした美容整形をしていたし、わたしは、年をとっていて、もうボディ・ビルディングをしていなかった。

ふたりとも、どちらも遠くへ旅して来ていた。それにふたりとも、生き急いでいた。マイアミのハイスクールの時代からいままで、何千もの名前と顔、人々がふたりの人生に交差していた。

わたし達は、そこに立っていた。

アルバートがチラっとわたしを見た。わたしも、彼を視線の端で捉えていた。

わたし達は互いに惹かれるものを感じていた。

その後の数週間、ジムでわたし達は軽く相手に微笑んだり、きちんと「ハロー」と挨拶をしていたにもかかわらず、昔からの知り合いだとは気づかずにいた。

ある日、エクササイズを終えたあと、クラブのカフェで昼食を取っていたところへアルバートがやってきて、同席してもいいかと尋ねた。わたし達は数時間も話をしたのに、互いをマイアミで知っていたとはまだ気づかなかった。会話は、むなしくも流れていった。

しばらくして、アルバートがわたしの太ももに手を置いた。

最初の段階では、彼と親密になってもいいと考えていたかもしれなかったが、わたしには、特別な、本当の意味での「愛」を見つけたいという願いがあった。わたしは、彼の手を取って丁寧にその手を退《しりぞ》け、「あなたと自分とは、特別な親友になれると思う」と伝えた。

アルバートは、微笑んだ。わたしの言動に失望した様子は見せなかった。

わたしが彼の申し込みをすんなり受け入れていたら、彼にとっては多数の〝寝ることに成功した相手〟のうちの一人になっていただろう。彼はここ数週間、誘惑的な微笑を、ジムの他の人々にも投げかけていた。そんな彼を見ていて、わたしは彼とは理想的なプラトニックな友情関係を遂行しようと決めていた。

しかし、ふたりの友情はわたしの想像を超えたものに成っていった。それは、わたしの人生を変えてしまうほどの関係になったのだ。

＊　＊

ふたりの会話は何週間も経つうちに、深みを帯びていった。そしてついに、互いの過去を語り合ううちに、ようやく自分たちが何年も前に知り合っていたのだということに気がついた。

これは、ものすごく感激的な新発見だった。

若かりし日のころのことをお互いに知っているというのは濃縮した喜びでもある。わたしとアルバートは、共有していた過去、時代について冗談を言い合ったり、思い出にふけったりして毎日話をした。

しばらくの後《のち》、わたしはアルバートにこんな思いを伝えた。

ふたりはクラブのカフェに座っていた。

わたしは彼に言った。

「アルバート。知っておいて欲しいことがある。君はボクにとってこんなに好《よ》い友達になってきているから、これは、重要なことなんだ。ボクは、君のことが好きだし、とても大切に思っている。ボクは、他人を批判するような人間じゃない。君の過去がどんなであっても、ボクに対して、恥ずかしいとか決して思わないで欲しい。ボクは君を決してジャッジしたりしない。たとえ何があろうと、ずっとボクは君の友達であり続けるから」

このセリフは友人のシャロン・ショーがわたしにかつて語ったセリフだった。

アルバートは、わたしの言葉を聞くと、目に涙を光らせながらわたしを見つめた。

そして、いまの言葉がわたしの本心であるのかと、静かに尋ねた。

わたしはそのとおりだと答えた。

すると、彼の目から涙があふれ出した。

彼は泣きながら、心に秘めていたたくさんのことや、これまで人に言えずにいたことを話してくれた。

何年にもわたって彼の心に封じ込められていた感情が流れ出た。

ふたりの信頼関係は、死という沈黙の壁・見えない壁を超越するほどの固いものになろうとしていた。

わたしは彼を表に連れ出して、何ブロックかを歩いた。

年老いた椰子の木陰にふたりは座った。

彼は再び語り始めた。

アルバートは、自分はエイズ（ＨＩＶ＋）であると言った。

さらに彼は、かつて整形手術のお金を得るために売春のようなことをしたことがあると話した。話すにしたがって、彼のしぐさは自己防衛的になり、彼は座ってはいたが直ぐに逃げ出したいという様子でもあり、まるで罰を受けるのを覚悟しているかのようでさえもあった。

わたしは彼の告白を、素直に聞くことができた。

わたしもエイズなのだ。そして、わたしも二度、十代のころ、体を売ったことがあった。そしてアルバートと同じように、むなしさや空虚の中をさまよったこともあったのだ。

彼の話が終わったところで、わたしは彼に言った。

「それで全部なの？　ボクはまた、もっと本当にひどいことがあったのかと思っていたよ。たとえば君が誰かを殺してしまったとかね」

わたしの言葉に、彼は歯を見せて笑った。そして、自分のことを決して見捨てないで欲しいと言った。

わたしは「一生涯、友人だよ」と答えた。

椰子の老木の下で、ふたりは包容しあった。彼は安心し、ちょっぴり明るい表情になった。わたし達の愛と友情はこうして礎《いしずえ》を築いたのだった。

＊　＊

アルバートも、エイズによって友達を亡くし、心に傷を負っていた。

わたしが彼を必要としていたように、彼も、わたしを必要としていた。

友人が去り、友人が死んでいく。そして自分自身に忍び寄る死。絶望のただ中にあったふたりは、すぐに一つになった。

わたしは、一昔以上も昔の友人とこうして出会えたことに、改めて感動していた。若くて無邪気なころのふたりが、こうしてエイズという困難な状況下で、再び出会い、友情をたしかめ、お互いに支え合っているのだ。

それにしても、たった一度の会話や出来事が、感動的な結びつきにつながることに、魅惑的なものを感じざるを得なかった。わたし達は、心を打ち明けて話し合ったあの日から、毎日会うようになった。

ふたりの結びつきは急速に深まった。一緒に過ごす年月が増すにしたがって、ふたりの思いは通じるようになり、言葉を交わさなくても、相手が何を言いたいのか、何を考えているのかを理解することさえあった。

そんなふたりの姿を目にして、周りの人々は言ったものだ。

「まるで、ひとつの魂が二つの体に宿っているみたいだ」

と。

＊　＊

この時期、わたしの友人関係は、より意味深いものになった。

わたしには四人の親しい友人がいた。

一人はアルバート、もう一人はマーク・サイモン。三人目はトニー・ハミルトン。四人目はケリー・コール。

エイズの前とそのあとでは、人生は同じではなかった。

わたしは、肉体的にも、精神的にも、自分の体の中の変化を感じていた。人生の台本は変わったのだ。そして人生の楽しみ、味わいさえも……。

ある意味、エイズ患者にとって人生は過酷なものだ。だが一方では、一日いちにちの感覚は、深みを帯びていたように思えた。時間は、より大切になった。

ある程度ではあるが、川の流れに身をまかせるかのように自分を人生に適応させつつもあった。わたし達五人は、映画を見に行ったり、劇場に行ったりする元気を十分に持っていた。政治の話をしたり、募金活動をしたりする余裕さえあった。このような友達を持っていることは喜びだった。わたし達は皆、エイズと闘っていた。そしてわたし達は、〝家族〟だった。

以前から、わたしは料理を作るのが好きで、週に一、二度、わたしの部屋に五人が集まった。

夕食のあとは、カードに興じた。が、わたし達を結び付けていたものは、実際、料理でも、カードでもなかった。一緒にいられるだけで楽しかったのだ。

わたし達は、即興的な〝支援団体〟のようになっていた。わたし達は、カード・ゲームの最中でもよくしゃべった。時には、話に夢中になり、ゲームを完全に忘れてしまっていることもあった。

話題はつきなかった。人生のこと、芸術のこと。政治、そして愛についても、屈託なく話し込んだ。夜が更《ふ》けるのも忘れ、話に夢中になり、よく笑い、冗談を言い合っていた。その時間は、なぜか皆、エイズであることを忘れることができたのだ。

五人の会話の中身を精神世界へリードしていくのは、いつも決まってアルバートだった。

彼は真剣だった。わたし達は、彼の育った環境がカトリックであったことが、精神世界への関心の深さと関係しているのだろうと思っていた。

一度、話題に火がついたら、誰もアルバートを止められない。そして、皆がアルバートの話に熱心に耳を傾け、意見を述べた。精神世界に関心が向くのはわたし達にとっては当然のことだったかもしれない。しかし、精神世界というものは、わたし達全員にとって、まだ抽象的なものでしかなかった。精神世界について、いろいろな意味で懐疑的だったからだ。

でもその五人の中で、アルバートは、特に死後の世界の存在に信念を持っていた。わたしはといえば、その可能性について否定はしなかったが、確証も持てなかった。死後の世界は漠然としており、そして、あのころを思えば、わたし達には何よりも〝証拠〟が必要だった。

ある晩のことだ。

アルバートが、「もし誰かが死んだら、あの世から他の者に向かって何か合図を送ろう」と言い出した。

彼の目は、輝いていた。期待に胸弾ませていた。

トニーは、そのアイディアが気に入ったようだったが、マークとケリーは、単に「冗談言うなよ」と、まじめに受け取らなかった。そのアイディアは、彼らにとっては、風変わりすぎたのだ。わたしは彼らよりもう少しまじめに受けとめていた。それはアルバートへの愛情と彼への思いのためだっただろう。その後、グループでいる時には、この話題は二度と出なかった。

アルバートが自殺した数ヵ月後、三人に例の合図の話を覚えているかどうか尋ねてみた。

ケリーとマークは、その会話さえも覚えていなかったし、トニーは、ただあいまいに約束を覚えているに過ぎなかった。

トニーは、笑ってジョークを言った。

「もしジョエルがアルバートと話すことがあったら、トニーから借りた五〇〇ドルはどうなったか、聞いてみてくれよ」

＊　＊

この五人の家族のうち、最初に逝《い》ったのはアルバートだった。

つぎにトニー、そしてマーク、ケリーと続いた。

アルバートが自殺する九四年六月一日から半年ほど前のことだ。

わたしとアルバートは、トニー、ケリー、そしてマーク・サイモンの健康状態が低下しているのを見ていた。

アルバートとわたしは、自分たちの運命を暗示しているように感じた。

彼ら三人は、体調を崩し、病院のベッドに横たわっていることが多くなった。

元気なころの面影はすでにない。一年前はハンサムで、優しく温和な表情だったが、いまは絶望の淵にあるやせ衰えた顔だ。しかし、わたし達は一緒に、顔を上げ、前を向いて歩き続けた。

＊　＊

この五人の家族の、ほかの三人を紹介したい。

まず、トニーのことからお話しよう。

一九九五年、トニーは亡くなった。

皮肉屋のトニーとの出会いは一九七六年のおおみそかだった。もうずいぶん長いこと友人関係だ。

出会ったころのトニーは、ニューヨークシティでモデルの仕事をしていた。彼は、ルックスとスタイルで注目されていた。俳優に転じる前に、すでにモデルとしてある程度は成功していた。

彼の友情は、わたしにとって理解できないものの一つだった。というのも、トニーとわたしは、多くの点において正反対だったからだ。トニーは常識というものにとらわれていなかった。しかし、わたし達はなぜか、出会ったその日から、フィーリングがぴったり合っていた。

トニーは、テレビの『ミッション・インポッシブル』（邦題：スパイ大作戦）シリーズでいくらかの金を稼いでいたし、その後もほかの印税収入が少しずつ入ってきていた。彼は、俳優としてのキャリアを、ごつごつとして男らしいかっこ良さを利用して作りあげていった。でもエイズのために外形的にも内面的にもエネルギッシュさが失われてしまった。トニーにとって、俳優という仕事がすべてだった。

彼は、得られる収入よりも多くを使っていた。だからいまや彼は、一文無しだった。そんなこともあって、彼の入院中、彼の所有するコンドミニアムは、銀行のものとなってしまった。彼は、望みをなくした。

一九九四年の初期にはすでにただ、死にたがっていた。生きる意欲をなくしたトニーの病状はどんどん悪化し、死が近づいてきた。トニーに生きようとする強い意志があったなら、彼は救われただろうと思う。

わたしとアルバートは、なんとかトニーを元気付けようとした。わたし達は彼に、〝生きるために〟病気と闘うようにと励ました。彼を外に連れ出しもした。

「君はまだまだ大丈夫だよ」とウソまでついた。でも、わたし達の努力は報われることはなかった。

余命幾ばくもなくなったとき、トニーはわたしに直筆サイン入り写真をくれた。

「勇敢なるヒーローへ。愛を込めて、トニー」

そう書かれてあった。わたしはトニーに「これはどういう意味なのか」とたずねた。

「わかっているだろう、ジョエル。ボクは、君のようなヒーローじゃないのさ。エイズであることは、エイズとの戦争なんだよ。ほかの戦争と変わりないのさ。そこには、負傷兵もいるし、ヒーローもいる」

と彼は言った。

「ジョエル、君はボクにとって天界から来るインスピレーションそのものだったよ。君はエイズという難敵と闘い続けているからね」

トニーのその言葉はわたしにとって宝物になった。


つぎにマーク・サイモンのことについて、少しお話しよう。

わたしが初めて本当に愛した人、それがマークだった。

わたし達は、ロス・アンジェルスの『スタジオ・ワン』というナイト・クラブで出会った。共通の友人が、彼をわたしに紹介してくれたのだ。

しかし彼は、わたしにまったく興味を示さなかった。あとになって、彼がエアロビクスを教えているのを知り、わたしは数週間、彼のクラスに通い続けた。そして、ようやく一緒にランチに行くことを承諾してくれた。やがて何度かのデートのあと、わたし達の関係は深くなっていった。

マークの健康状態は、この小さなグループの中のほかの誰よりもはやく低下していった。彼はほとんどの感染症にかかっていた。というのも、七年ものあいだ〝T細胞〟がゼロの状態でいたのだ。彼の担当医たちでさえ、なぜ、彼がまだ生きていられるのか不思議がっていた。

わたしには、それが、彼の強い〝生きる〟という意志のせいだと思っていた。彼の強い意志が「病気であること」を打ち消し続けてきたのだ。

マークは、「自分はいつか死ぬのだ」などと決して思っていなかった。彼にとってのエイズは、〝いつか治る風邪〟のようなものでしかなかった。

しかし症状はどんどん悪化し、ついに最期が近づいてきた。

彼はもがくように言った。

「もうすぐ、治るはずさ。だってボクは、もう一年近くもベッドに寝ているんだぜ。取り返さなきゃいけない時間がたくさんあるんだ。ボクはまだ若いんだぜ」

彼は本当にそう信じていた。

マークは、わたし達の中で一番若く、彼の健康の悪化を見ているのはつらかった。彼の人生は愛と喜びにあふれていた。彼は、死の淵にあっても、将来の希望やプランに満ちていた。

アルバートとわたしは、彼を病院にしばしば見舞った。

ベッドの上の彼を見るたびに、死は時間の問題だと思った。

一般的には、彼は死んでいてもおかしくなかった。だが、彼はなんとか息を吹き返してわたし達を驚かせた。でもそれは、彼がさらに苦しむためのものでしかなかった。

彼は、アルバートとトニーが逝ったあと、トニーと同じ年の九五年に亡くなった。ほかのみんなと同じように、その死は若すぎた。

マークの存在は、わたし達を感化させた。

彼の才能は、どんなにつらい苦しい時でも何らかの希望を見出す能力だが、その能力が医学的根拠を超えて彼を数年も長生きさせたからだ。もし、エイズの新薬があと数ヶ月早く手に入るようになっていたら、マークはきっといまも生き続けていただろうと思う。

次はケリーのことについて話そう。

ケリーは、ナット・キング・コール（編集部註：アメリカの有名なジャズピアニスト・歌手＝50、60年代に活躍）の息子だ。

彼との友人関係は八〇年代初めごろから始まった。モデルのトニーとデートをはじめたのがきっかけだった。ケリーは、まぶしいほどの若者だった。でも、ものすごくわがままだった。しかも彼は、俗物的金持ち思考の持ち主だった。だから、わたしは直感的に彼を好きになれないと感じた。

ケリーがわたしに近づいてきたのは、わたしがモデルのトニーととても親しい関係にあり、トニーと近づきたいがために、わたしを利用していると邪推してしまった。少なくとも最初、わたしはそう推察していた。彼の父であるナット・キング・コールは、彼が若いころに亡くなっていたし、それによって彼がわがままになっていったのだと、勝手に思い込んでいた。

彼の少年時代について知ったのは、それからかなり後のことだった。

ケリーは、養子だったのだ。ケリーによれば、それはナットの考えということだった。

ナット・キング・コールが死んでからは、養子のケリーは、いわゆるお荷物、招かざるものになった。彼の姉妹と母親は、彼自身の保険でカバーできない癌の治療費の支払いを拒否したとのことだった。

わたしは、そのときになってようやくケリーの立場、心の傷を知った。でも、出会った当初は、彼の外面《そとづら》しか見えなかった。

いま思えば、傲慢に振る舞うことで、彼は心の中の深い苦しみを隠していたのかもしれない。

ケリーとトニーはやがて、つきあうことをやめてしまう。

ケリーと再会したのは八六年、サンタ・モニカでだった。

彼は、以前と変わっていた。

ＨＩＶであることがわかり、そのことがケリーを謙虚にさせた。とても、柔軟な感じになっていた。

ケリーはＨＩＶとけっこう上手につきあっていた。もっと多くの人が、彼のように、病気の苦しみや失望に対処できたらいいのにと思うくらいだ。彼は、人々に対してオープンになり、穏和になっていた。苦しみの体験は人を気むずかしく皮肉っぽくさせることもあるが、ケリーのように慈悲深くさせることもある。

わたしと出会ったケリーは、わたしをコーヒーに誘ってくれた。わたし達は思い出話をしたりしていたが、彼は、経済的に苦しいと告白した。わたしは、彼にいくらかのお金を貸してあげた。そのことで、ケリーとより深く親しくなることができた。ケリーとわたしは、それ以来、彼が亡くなるまでずっと、いい友達だった。彼の存在が、わたしの小さな〝家族〟を完成させた。

一九九五年には、ケリーには痴呆の症状が現れていて、彼と過ごすのがむずかしく感じられるようになっていた。

わたしは自分自身の健康と闘っており、アルバートの自殺によっても心は激しく揺れていた。ケリーとはひと月に一、二度、一緒にコーヒーを飲んだりした。

彼は、〝夢の世界〟にいることが多くなった。会話がかみ合わず、彼との時間は、緊張して不自然な感じになっていった。

でも、わたしは時々、彼がわたし達の中で一番ラッキーなのかもしれないと思った。なぜなら、彼を取り巻く生活に何が起きているのかを、知ることがなかったのだから……。

彼はしばしば、彼がついさっきまでトニー、マーク、アルバートと一緒だったと言い、彼らとの楽しい出会いを詳細に話してくれたりした。そしてそんな時は必ず、「なぜジョエルは来てくれなかったんだ」と責めた。トニー、マーク、アルバートはすでに死んでこの世にはいない。

ケリーに会った最期のころ、彼の痴呆はかなり進んでおり、かなりテンションが高いように思えた。

彼は、グッチの乗馬用のブーツを履き、帽子をかぶり、鞭を持って現れた。

「たったいま、英国のチャールズ皇太子のチームとポロの試合をしてきたばかりなんだよ」

と言った。そして悲しい顔で、わたしに尋ねた。

「いったい、君はどこにいたんだよ。僕らのチームは負けてしまったよ。マークとトニーは、応援に来てくれていたんだ。もし君がそこにいて力を貸してくれていたら、勝てたかもしれないのに」

わたしはあっけに取られた。わたしは、それまでに何度か、役に立たなくても、なんとか彼を現実に引き戻そうとしたことがあった。わたしは、口ごもりながら彼に謝った。

ケリーは、四人の中でわたしの人生に一番後に加わり、そして最後に去って逝った。

一九九六年に彼が死んだ時、わたしは〝死亡〟という文字を、わたしのアドレス帳のケリーの欄に書き込んだ。

第3章

シグナルの約束

アルバートは可能な限りの時間、わたしのそばにいてくれた。それを許してくれた神にわたしは感謝している。本当にありがとう。

わたし達は、お互いが必要だった。

毎朝、アルバートは、快適な電話でわたしを起こしてくれた。夜は、わたしが彼に電話して、ベッドにもぐり込む時間になったよ、と告げた。

ほとんど毎日、わたし達は一緒に何かをした。たいていは、ランチか夕食、あるいは映画に行ったり、ジムに通ったりした。何をしていようと、わたし達は、楽しかった。一緒にいると、エイズであることを忘れることができた。

七〇年代、わたし達がまだ十代だったころのように、一緒に笑った。

それから、不思議なことだが、ふたりはロス・アンジェルスの反対側に住んでいたのに、〝偶然〟とは思えないくらい、街中で頻繁に遭遇した。それはまるで「決まり事」のようでもあった。特に、アルバートにとっての最後の一年には、信じられないほど頻繁だった。一週間に三度もということもあった。

アルバートが生きていたときには、そうした出会いを、真剣に考えたことなどなかった。単なる偶然として、不意の出会いを歓迎し楽しんでいた。それらは、心はずむ休憩時間みたいなものだった。

そんな偶然に出会ったある時のことだ。

わたし達は、最初に目にしたレストランに入り、サラダでも食べようと言うことに決めた。

わたし達が入ったレストランには、若いゲイの青年がふたりいて、見るからに体の具合が悪そうだった。一人はカポシ肉腫による癌の障害におかされており、もう一人は、ほとんど歩くことすら困難なようだった。ふたりとも、体重は一〇〇ポンド（約四五キログラム）以下だと思われた。

わたしは、ふたりのその姿にショックを受けた。

「あれがわたし達の将来の姿なのだろうか？」

とアルバートにたずねた。

するとアルバートにしては珍しく、語気を強めて言った。

「あれは、彼らの選んだ道で、ぼくらのではない！」

わたしはそれを聞いて、ほっとした。わたしの気分は明るくなりその後の会話もすんだ。

「あれは、彼らの選んだ道で、ぼくらのではない」

このひと言が、それ以降ふたりの信条になった。

どちらかがエイズとの闘いを恐れたり、生きていくことに懐疑的になったときは、「それはぼくらの選ぶ道じゃない」と、もう一方が励ました。単純なひと言だったが、ふたりにとって、生きる力強い源となった。

このひと言に、ふたりはどれだけ勇気づけられたことだろう。

＊　＊

わたしはウイルス性の耳の病気に感染した。

強い痛みを伴っていたが、わたしは極力痛み止めの薬は使わないでいた。いざというとき、つまり病気そのものと闘うときに使おうと考えていたからだ。

そんなとき友人のシャロンが、生体自己制御もしくは自己催眠を試みたらどうかと提案してくれた。

わたしはそれらの効果は疑わしいように思えたが、とにかくわたしは必死だったので、著名な催眠療法士であるメルヴィン・コーエン博士に診てもらうことにした。

初回の診療でいくつかの重要な点が見えてきた。博士自身の知恵や聡明さに満ちた話のほうが、催眠そのものよりも価値があった。

まず初めにわたしは「赦《ゆる》すこと」について学んだ。

わたしは「赦すこと」の別の側面、段階を理解することができた。

わたしは今まで、許すという意味を、

――その場に湧き上がってきた、相手に対する怒りや、自分の傷ついた気持ちを優先させるのではなく、相手側がそうせざるを得なかった背後の理由を考え、自らの怒りや傷を消していくこと――

だと思ってきた。ところが、コーヘン博士は、まったく異なる解釈を示してくれたのだ。

博士は、「赦すこと」とは、意識的な行動であり、それは、わたし達自身に向けるもので、ほかの誰のためでもない――と言う。

わたし達が、何かに傷ついたり不当に扱われたりされた時、わたし達には二つしか選択肢がない。

ひとつは、そのまま嫌な気分を持ち続けることだ。しかしそれは、その嫌な気分がいずれ病気の元になったりする。

二つ目は、自分の内部にしまい込まず、意識的に手放してしまうことだ。手放すとは、傷ついた気持ちや怒りを解放することで、それは、わたし達自身に利益つまり良薬となる。

次にコーエン博士から学んだのは、病気へ対処するための自然な姿というか、本来あるべき姿だった。

博士は、人類の歴史上、人間にとって一〇〇％致命的であるという病気は、存在していないのだ、と言う。いくつかの病気は九九％の破壊力をもっているかもしれないが、一〇〇％ではないと。致命的ともいえるこれらの病気を克服して生き残った人々は、精神的な強さ——たとえて言うなら、生きる意志や、そしてあらゆる否定的な考え方を消し去り、取り除くこと——に集中して取り組んだからだ。

催眠セッションでは、〝否定的自己〟を消し去ることを意識的に努力した。

しばらくして、リラックスした状態になった。

すると、自分自身に向けられた否定的な物の言い方に気づき始めた。

わたしは注意深く、自分への否定的な物言いをノートに取り始めた。

そして、時間が経つにつれて、わたしはそれらを解放し始めた。自分自身が自分自身を否定する。そんなことはしょせん長続きはしない。


怒りの解放による赦《ゆる》し。そして自己否定からの解放。

自分の中にこれら二つの洞察を得たことで、わたしは必ずエイズを乗り切れると思えた。何が何でも、わたしは病気を克服するのだ。エイズのキャリアである人が必ず死ぬわけではない。生き残るのが、わずか数パーセントであっても、その数パーセントに入りたかった。わたしはアルバートと、この催眠セッションで学んだことを分かち合おうとしていた。

わたし達の友情の新たな方向性が、広がり始めようとしていた。

ふたりは、自分たちの人生の意味について、そして浮上してきた来世に関する疑問について模索した。

それと同時に、わたし達は、エイズのホスピスでヴォランティア・ワークを始めた。どういうわけか、他人を支援することで、自らの苦悩から抜け出すことができたのだ。

他人のために何かをするというこの時間は、ふたりにとってとても重要だった。というのも、この時期わたし達は、死に対しての考え、恐れ、そして希望について探究していたからだ。

わたし達は、ワイス博士の『前世療法：Many lives, Many masters』、ムーディ博士の『かいまみた死後の世界：Life after Life』、フランクル博士の『Man's Search for Meaning』（邦題：夜と霧）、そして『チベット、死者の書』などの多くの本を読んだ。

そうした書物を読むうちに、ある一定の類似性を見つけた。類似性とは、人間の奥深い、どこか本質的な部分に感じていた真実を定義づけたものだ。真実といっていいかもしれない。子どものころに信じていたものでもある。つまりそれは「来世」。人生が終わったあとに、人生がまたあること、だ。そして、人は誰でも、神秘的なものによって繋がっていることだった。

精神世界は、ふたりにとって、まだ、抽象的であいまいな概念でしかなかった。でも、そうして世界に足を踏み入れることで、楽観的な懐疑者になり始めていた。

なぜなら、ふたりとも死後の世界の可能性に希望を持ったからだ。

死後も、あるいは輪廻転生後も、再び出会うように運命付けられている魂であることを、ふたりは願った。

しかし、わたし達のどちらも、過去生をいままで感じたことはなかった。もし、本当に輪廻転生や過去生があるとしたら、わたし達は前世・過去生でも一緒だっただろうと、思った。それらは現世に関係しているはずだ。とすれば、ふたりがそれらを知ることは大切なのだと思った。

わたし達の関係は、強くて、深すぎて、一度の限られた人生の中では、理解しきれないものだった。

わたし達の人生の行路《こうろ》は、一定の間隔をおいて常に交わっていて、それは、まるで運命がわたし達を一緒にするためにわざと、ふたりの背中を押しているかのようだった。これらの出来事がわたしにとって意味を成すようになるまでには、かなりの時間が必要だったのだが……。

死後に合図を送ろうという約束を仲間内でした時、みんなはほとんど冗談のように聞いていた。

しかし、アルバートとわたしはその後、何度か「死後世界からの合図」について話しをし、やってみようと約束した。この世と、この苦しみを越えたところに、何かがあるのだと信じたかったのだ。

アルバートは、この〝計画〟についてとても熱心だった。彼の死後の世界に関する信念はわたしよりずっと強かった。彼は、この手の話題を何度も何度も持ち出したし、それらに関する書物をわたしより多く読んでいた。わたしが飽きてしまっても、なお、彼はこれについて探究を続けた。

他の三人は約束を忘れてしまっているかもしれない。でも、アルバートとわたしは、それを守るつもりでいた。

わたし自身、シンプルではあるが、精神世界について、ひとつの考えを持っていた。簡単にいうと、次のようなことになるだろう。

＊　＊

わたし達は、有名なラビ（ユダヤの律法博士）とカトリックの枢機卿によるクリスチャニティとジューディズム（キリスト教的であることとユダヤ教的であること）の相違についての日曜日のテレビ討論番組を見ていた。

ラビは、こう言って自身の主張を結論付けた。

「それは、かなり簡潔だ。二〇〇〇年にわたり、キリスト教徒は人間というものが本質的に〝悪〟であり、すべての人類は受け継がれてきた内在する悪を許してもらうために、常に神の許《もと》へいかねばならないと信じてきた。その一方で、ユダヤ（人）

は、四〇〇〇年にわたり、人類は本質的には〝善〟だという立場をとってきた。しかしながら、わたし達は、過《あやま》ちも犯すだろう、そういった時に赦しを求めるため神の許へいくべきなのだ」

アルバートとわたしは、これについて話し合った。

両方の宗教は、「神というものは外側にある源のようなものであり、それは大いなる全能であり、それは我々とは切り離されて存在している」と言っている。でも、神というものはわたし達すべての内側にあるものではないのか、というのがふたりが達した結論だった。

神は、いたる所に存在していて、つまりは、わたし達は皆、神の一部なのだ。巨大に広がる砂浜の、砂の粒の一粒一粒がわたしたち自身で、砂浜自体が〝神〟なのだ。そして、その砂の一粒一粒が磨かれることで、砂浜は輝くのだ。

何ヶ月ものあいだ、アルバートとわたしは死後の世界について話し合った。それはいつも夜遅くで、アルバートがその話を切り出すのだった。

一九九三年末、わたしの健康状態は悪化し、最悪の状態に近づいていた。もう直ぐ死んでしまうのではないか、と恐れもした。

わたしは医療の代理権による〝遺言〟をしたため、埋葬の予定も立てた。

わたしは、アルバートと交わした約束を守るつもりだった。もし、何らかの可能な方法があったなら、アルバートに合図を送ろうと。

わたしは、彼をいろんな意味で愛していた。だから神様は、何か光みたいなものを点滅させるとか、とにかく何かすることをわたしに許してくれるのではないかと願った。

それは、他の人々にはおもしろ半分の戯れ事とか、降霊術の会の見世物のように見えるかもしれなかったが、アルバートには、わたしからのメッセージだとわかると確信していた。彼は、わたしにとって、少しだけ、弟のような存在にもなっていた。

もし、わたしが死んでしまっても、わたしがあの世に存在するということが、彼に希望を与えることができるのではないか……わたしの一番奥深い願いだった。

第4章

最初のコンタクト

一九九四年六月二日（アルバート自殺の翌日）

アルバートの自殺によって、過去の苦しみや痛みが雪崩のように押しよせてきていた。

今までの人生で失ってきたものが、表面に出てきた。

わたしは、真剣に自殺を考えていた。もう生きていたくない、と思うことが多くなった。自殺することが完璧な解決策に思えた。もしかしたら、あの世でアルバートに会えるかもしれないとさえ考えた。

わたしも〝薬〟を持っていた。アルバートと一緒にメキシコに行ったとき、持ってきた〝薬〟だ。このまま苦しみ続けることに、何の意味があるというのだろう？　医学的にもエイズの将来はいまだ厳しい。トニー、ケリー、そしてマークも、もうすぐ死ぬだろう。

自分をとても無力と感じていたわたしに、気力を与えてくれていた人は、逝ってしまったのだ。

わたしは、怒りと痛み・苦しみを感じていた。わたしは、いまだにアイツのしたことが信じられなかった。

わたしは、これまでにも友人の死に直面してきていた。でも、アルバートの死はこれまでのものとは違う。最愛の友が、逝ってしまったのだ。それも、彼自身の手によって、まったく予期せぬ時に。

わたしには、まだ多くの疑問が残されていた。

六月のその日、わたしの人生は暗雲に覆われた。雲が晴れ始めるまで、何ヶ月もかかるだろうと思われた。

その夕方のことである。

いつ晴れるともしれない心の暗雲に覆われたまま、わたしは彼のアパートをあとにした。

わたしの手には、アルバートからのメモがあった。ある友人がわたしを家まで送ってくれた。

アルバートのアパートは、わたしにとっていつでも、心安らぐ場所だった。そこは、大切なものがたくさんあった。写真、絵、そして思い出……。

自分のアパートまで、何時間もかかったように感じた。

わたしがアルバートを最も必要だと感じていたその時、アルバートは、わたしを置いてきぼりにしたのだ。彼こそが、わたしが助けを求め、安らぎを求められる相手だったのに。

わたしは、泣きながら足を引きずって歩いた。丸一日、わたしは何も食べていなかった。ついに、疲労がわたしを襲い、わたしはベッドに倒れこんだ。

わたしは、大きく深呼吸し、そしてそれを何度か繰り返した。わたしは落ち着かず、眠れなかった。天井を見続けるしかなかった。心は、冷たく、そして孤独だった。

深夜一時だっただろうか。

わたしは冷たい空気を感じた。

カリフォルニアの初夏の暑い夜のはずなのに、突然、寒くなったのだ。わたしは、アルバートが近くにいるような気配を感じたのだが、なぜかそれが、わたしをパニック状態にさせた。わたしは、ベッドの反対の端に手を伸ばし、受話器をつかむとシャロンに電話をかけた。

深く眠り込んでいたシャロンを起こしたわたしは、震えていた。

「シャロン、アルバートがボクに会いにきたような感じがするんだ」

彼女は、わたしが脅えていることを知っていた。

「何も恐がることは、ないわよ。アルバートはあなたをとても愛していたのよ。それにあなたを傷つけたことは、決してなかったでしょう⁉」

彼女の言葉は、わたしが聞きたいと思っていたことだった。彼女の助言がわたしを安心させた。とたんにわたしは、冷静になった。わたしは、彼女に感謝し、おやすみを言い、受話器を戻した。

とその瞬間だった。

わたしは温かい熱、フラッシュのような光を感じ、再びアルバートの存在をそこに感じることができた。

わたしは筋肉を動かすことも、瞬《まばた》きさえもできなかった。

しかし神経は冴え、冷静で、リラックスしていた。アルバートの存在を感じていたあいだ、肉体的にも精神的にも、痛みのようなものは感じなかった。

次の瞬間、わたしの中にあったすべての悲しみが溢れ出てきた。

意識と無意識のあいだには、明白な違いがある。わたしには、まったく〝意識〟があったし、完全に〝起きていた〟。

眠りに落ちる前に経験する半分、夢の中にいるような状態ではなかった。ジョディ・フォスターが映画『コンタクト』で演じている人物のように、わたしには、自分自身が経験したこと意外に証拠がない。

実のところ、アルバートがまさか合図を送ってくるとは、思ってもいなかったのだ。彼の死以前、精神世界はわたしにとって抽象的なものに留《とど》まっていた。だが一九九四年六月二日午前二時、わたしは確固としたスピリチュアルな体験をしたのだった。

＊　＊

ベッドの上に、透明な光が現れた。

それは繊細で、何かに覆われていた。まるでキャンドルの上のたなびく煙のようでもあった。

わたしの部屋は暗かった。ブラインドはおろされていた。部屋の灯《あか》りはすべて消されているはずなのに、この奇妙な光は、わたしの上に浮かんでいた。

わたしは再びアルバートを感じたのだ、耳で声を〝聞いた〟というわけではない。しかし、はっきりと〝感じた〟のだ。それらは、強烈で明白だった。彼は、まず、問いかけた。

『ボクだよ、わかるだろう⁉』

わたしは、答えられなかった。身動きも取れなかった。それでも、まるで赤ん坊が寝ている時のように安らかだった。抱かれているように感じたのだ。

あらゆる苦痛は消えて、わたしは、再びアルバートと共にいたのだ。

少しすると、わたしは、手を上げて光に向かってイエスの意味で手を振ることができるようになった。その手の振り方は、幼かったころ、よくやっていたものだった。

『よかった。これは、君のためのものだ。ボクのためじゃない。これからボクが君に与えるものが、君には必要なのだ。それは、ボクが君にあげられる最たるものだ。君は、今それ以上は、コントロールできない。もし今、ボクが何を知っているかを知ったら、君は混乱してしまうだろう』

彼の考えていることや、言葉、メッセージがわたしに流れ落ちてきていた。

このコミュニケーションは、今まで経験したものと大きく異なっていて、想像を超えたものだった。それがどんな感じのするものなのか、言葉で表現するにはむずかしい。

わたしは、光を見つめていた。

驚くことに、その光の先を見通すこともできた。それは、光というより霧のようなものかもしれない。わたしは、聞いていた。そして魅了されていて、身動きができなかった。アルバートは、続けた。

『君には、これからボクが伝えることが必要になる。それは、ボクが今、知っていることのほんのわずかにすぎないけれど……。ボクが今、存在しているところの塵《ちり》のシミにも満たない、わずかな分子でしかないのだけど……。でも、これが君の今後の人生で君を導いてくれるんだ、生涯を通してずっと。君には理解できる。なぜなら、ボクたちには愛と信頼がある。それにボクたちは互いについてよく知っているのだから。ああ、簡単にしなくてはいけない、ボクにはあまり時間がないんだ』

わたしは、ベッドの上の静かな光に釘づけになって、動けないままでいた。

アルバートは一人ではないようであり、ほかの誰か、存在たちがアルバートと一緒にいて、導いているようでもあった。彼は、特別にこの世とのあいだに時間を与えられているようだった。

わたしは、完璧にリラックスしていた。

この光は本物だった。

それは、見たことも聞いたこともない、想像を超えた、まったく異質なものだった。『ボクの自殺によって、君はより理解できるようになるだろう。ボクは、生きていた時、人生は、うまくいっていてこそ価値があると思っていた。健康でお金もあり、恋人もいるような人生こそ、意味あるものだと思っていた。人生は、思っているように進んでいてこそ、生きていく価値があると。が、ボクは今、それが違うことを知っている。

ジョエル、君は、自分で自分の命を絶《た》ってはいけない。君は、できるだけ長く人生を歩んでいかなくてはならない。知っていて欲しい、人生のいかなる時も、その一時《ひととき》ひとときが、肝心であり、それらは、いろんな意味で、同じなのだということを。

いろいろな意味で君にはまだ見えていない。よいことも、悪いことも、健康である時も、具合が悪い時も、幸せだったり、悲しかったり、つまらなかったり、わくわくしたりする、そんな時のすべてが、等しいのだ。その都度そのつど、呼吸の一つひとつ、人生の一瞬一瞬、君は、何かを成しているのだ。何か、おおいなる遥かなものに繋がる何かだ。

君は、何か偉大なるモノの一部なのだ。ボクたち、みんなが、この大いなる目的の一部を担っているのだ。心優しい人たちも、残虐な人たちも、みな、今は、理解できないかも知れないが、その目的を持っているのだ。一人ひとり、それぞれが大切な存在で、いかなるときも、その時々が重要なのだ。つらく苦しい時も含めて、わたし達は、みな、ひとつなのだ。

＊　＊

君は今、その一瞬一瞬を生きるように限定された状態にある。一瞬ごとに君は君の人生を刻むのだ。すべてのスピリチュアル（霊的）な成長というのは、過去における仕事、過去にしてきたことが基《もと》になっている。すべての過去の経験、出来事が、一つひとつブロックのように積み重ねられている。人生における個別の出来事のすべてが、そのブロックを造っている重要な一粒なのだ。細かい砂が集まった浜辺という存在が神だとしたら、わたし達というのは、その一つひとつの砂粒以上のようなものなのだ。浜辺が〝神〟だとして、わたし達は一人ひとりが互いに関係しあってつながりあっている個々の〝宇宙〟なのだ。

個々のスピリチュアルな成長は、その集団全体の成長に関係している。自由意志というものと、運命というものは、同じ目的地へ向かう二本の別々の道なのだ。その二本の道は、途中で互いに交差する。それは切り離せないものだ。それは、個々が集まって全体があるように、すべての生命の力は、進化し、成長し、無限である〝唯一のもの〟に向かって前進している。

君は、持ちこたえられる限り多くの人生を生きなければならない。それは、みな誰でも同じなのだ。痛みや苦しみを伴っている時も含めて、君の呼吸の一つひとつに理由と目的があるのだ。すべての苦しみは、今は君には理解できないだろうが、さらなる大きな〝よいこと〟に繋がっていくのだ。呼吸一つひとつ、人生の一瞬一瞬それぞれが、大切なのだ。

そうした人生の一瞬一瞬が今、君たちがいるところからは理解したり認識したりすることができないものを、実は、成し遂げようと苦心しているのだ。


ボクを、信じるんだ。ボクたちの絆を信頼するんだ。君は、ボクの死によって学び、成長するのだ。君はいつか、ボクがあの瞬間に自分の命を絶つことがボクの運命であり、道であったということが、わかるだろう。それは、ボクにとっての人生の課題だったのだ。今、ボクが君に伝えていることは、ボクが死んでから、すでに学んだ課題のうちのほんの少しなのだ。ボクの〝自殺〟もまた、大いなることの為につながっているのだ。君自身の人生のその中で、君の新たな人生が示され、それを知るだろう。ボクはまた、君に合図する。ボクはいつも、君と共にいるのだから』

激しい感情の波が押し寄せてきた。すこし前に感じていたのと同じ怒りと痛みだった。

＊　＊

わたしは叫びはじめた。

「ばかやろう！　お前は、オレを置き去りにしたんだ！」

わたしは、再び身動きできるようになっていた。

「ここから出て行け！」

わたしは叫んだ。

すでに、光もアルバートも消えていた。

もしかしたら、わたしが叫ぶ前にすでに彼は、いなくなっていたのかもしれない。

わたしは、寒さと空虚を再び感じていた。

わたしは、再びシャロンに電話した。

わたしは混乱していた。そしてシャロンにたった今何が起こったのかを、しどろもどろに話した。

でも、起こった桁外れなことのすべてを伝えることはできなかった。誰にも決してわかってもらえないだろうと、直感的に思った。わたしはシャロンにおやすみを言い電話を切った。

電話を切ったあと、一晩中、起きていた。

アルバートの言葉が、何時間もわたしの頭の中で繰り返しこだましていた。

彼の言葉が、心に取り付いたメロディのように、くっついて離れなかった。何かが始まっていた。

でも、彼のメッセージの大きさが、まだわかっていなかった。完全に消化し、理解するには、まだ何年もかかっただろう。しかし、彼の言葉はわたしにとっては希望だった。暗闇の中で模索していたわたしに、あの瞬間から、わずかに希望の灯《あか》りをともしてくれたのだった。

そのころの数ヶ月間、わたしは衰弱し、精神的にも不安定だった。あの夜は、わたしの心身の状態にとって、最低のラインだったはずだ。でもなぜか、彼のメッセージがなにか理屈にあっているような気がした。アルバートはシグナルを送ってきたのだ。シグナルを……。

アルバートからのメッセージは多くの示唆に富んでいた。大きかったのは、わたしの〝自殺〟を防ぎ、希望の種を心に植え付けてくれたことだろう。そして、なにより、死後世界の存在を確信に導いてくれたことだ。

その後、わたしの心の奥深い部分で、彼のメッセージが、確固とした感覚を形作り始めていた。彼のメッセージ、つまり、

「人生における瞬間のすべてが意味を持つ。その一つひとつ、すべての時間においてわたし達はそれを成し遂げようとしているのであり、そして苦痛さえも大いなる〝それ〟に繋がっているのだ」

ということが、真実なのだとわたしの心に響いていた。

そしてそれらは、わたしの行動の指針ともなった。なにか悲しい出来事や苦しいことのあとでも、また、ある時は、その真っただ中にあっても、わたしは、ある種の心の平穏を感じることができた。いや、平穏という言葉は正しくはない。〝受け入れる〟寛容というほうが、近いかもしれない。

人生のすべての瞬間が本当に掛け替えのないものであるということをわたしは、信じている。そしてもっと深く、この社会に悲劇として現れるような出来事も、今のわたしには理解できないようなことではあるけれど、何か目的を達するために起こっているに違いないのだ、と信じられるようになった。

もし、わたしの今の苦しみや彼の自殺によって、何かよいことが導かれてくるのだとしたら、ほかの〝苦悩・困難〟からでも、きっと〝よいこと・よい結果〟がやって

くるだろうと、わたしは思う。

現在、わたしはアルバートの言葉を完全に信じている。

心のどこか深いところで、次の二つの古いことわざが真実だとわかっている。

〝わたし達は、いつも居るべき時に、居るべき場所にいるものだ。さもなければ、わたし達は、他のどこかにいるはずだ〟

そして、

〝流れに逆らってはいけない、川は自然に流れるのだから〟

という二つだ。

一九九四年の六月に体験した〝受け入れること〟という感覚は、とても新鮮なものだった。しかし、それがわたし自身の中で確固としたものになるまでには、何年もかかったが……。

ところで、〝受け入れること〟それ自体は、痛みを取り去ってくれるものではない。でも、結果的に多くの決定に影響したことだけはたしかだ。

あの夜以来、わたしが学んだテーマ（受け入れること、すべては繋がっていること、すべては意味のあること等）は、多くの苦しみや不公平についての疑問に答えてくれた。答えのうちのひとつは、ただ単に、答えのない問いについては問わないこと、であった。

また、すべての命が何か大いなるものに繋がっているという感覚は、強い信念とな

った。たぶん、わたし達は、わたし達の〝今生〟（現世）においては、これを見るこ

とができないのかも知れない。それはたぶん、アルバートが言ったように、

「わたし達はみな、わたし達の多くは自分自身が生きている間には決して気づかない

が、その何かを成し遂げようとしているのだ」

からだと思う。

第5章

小さなシグナル、アルバート追悼

一九九四年六月五日（アルバート死後四日後）

アルバートの死から四日たった。

スティーブがアルバートの庭で彼を追悼する集まりを開きたいと言った。

スティーブは、アルバートのかつての恋人だった。彼らは、恋人同士としての関係が終わった後、ルームメイトとして、同居していた。

彼らの関係は、混乱したものだった。

スティーブは、このあたりの〝名士〟であったので、パーティーの機会を逃さなかった。そのころ、ゲイ・コミュニティでは、〝追悼の会〟は、イベントとしてよく催されていた。彼らは集まることで、悲しみや深刻さを自分たちが考えていた以上に、軽減するようになった。スティーブはわたしに、追悼の会でスピーチをするように頼んできた。わたしは、まだ気持ちが荒《すさ》んでいたが、引き受けた。

わたしは三時二〇分に到着した。なぜだかすべてが滑稽に見えた。そこに来ていたアルバートの古くからの友人は、わずかだけだった。顔ぶれはほとんどスティーブの友人たち。これではスティーブのための集まりだ。当然わたしは、その中の一握りの人しか知らなかった。わたしは、アルバートの友人たちが集い、そしてわたし達が亡くしたばかりの優しい切ない魂について思いを寄せあうことを期待していたのに……。

飲み物は、溢れていたが、わたしは自分がよそ者のように感じた。

わたしは庭に腰をおろすと、この美しい庭を造るためにアルバートとふたりで数えきれない時間を費やしていたことを思い出していた。

(そういえば、ハチドリの餌箱を庭に作ったのに、一度もハチドリを見かけたことはなかった。なぜなんだろう)

わたしはふと、そんなことを思った。

アルバートの裏庭には三〇~四〇匹の野良猫が出入りしていた。ハチドリはそれを恐れて寄ってこないのだと、わたし達は推察したが、さほどの確信はなかった。

野良猫が増えすぎたり、不幸な死に方をしないために、アルバートは、罠をしかけ、近所の野良猫を捕まえて、不妊手術を施したりした。彼は、近親相姦で生まれた子猫たちは、弱く、生き残れないことが多いと言い、このやり方は、アルバートなりの最善の策だった。彼は、不妊手術を施したあとの猫たちをまた放してやったが、その猫たちに餌を与え続けることへの義務感も感じていた。

彼は毎晩、ミルクと何がしかの食べ物を外に出していた。近所の猫たちのほとんどは、その〝無料ビュッフェ〟の恩恵にあずかっていた。

わたしが庭に座っていると、アルバートの変った友人たちよりももっと〝珍しい〟人がわたしの隣りに座った。

彼の名は、エド・フォーレイ。

何年も前に、彼とアルバートは一緒に仕事をしたことがあった。ここ数年のあいだに、彼らは友達になっていた。それは、なんというか、わたしには到底理解できないことだった。というのは、エドは、一般的にみてもあまり好きになれないタイプだったからだ。

彼は、封建的な共産主義者で、元警官だった。

彼は、乱暴だったし、酒飲みだった。

彼は、わたしが今まで嗅いだことのないようなクサイ嫌なにおいのするパイプを常にくゆらせていた。

わたし達のあいだには、何一つとして共通点がなかった。唯一、亡くしたばかりの友人を思う気持ちのみを共有していた。

わたしは、このパーティーに失望したことを愚痴った。そして、アルバートを賞賛する追悼のスピーチをする気になれない、と言った。わたしは、なぜ他の人々が悲しがっていないのかが不思議だったのだ。全世界が喪に服すのがよいとさえ思っていた。

するとエドが、

「関係ないよそ者なんて放っておけ。アルバートを思い出すんだ」

と言った。

わたし達は、一時間ほど話をしていた。

スティーブがやってきて、わたしに集まっている人々に話をするようにと催促した。

わたしは、エドをわたしの右側に、スティーブを左側にして立ち上がった。

すると突然、のど元がルビー色のハチドリが飛んできて、わたしの頭上をふわふわと舞った。

わたしはエドに向かってハチドリを指さした。すると、彼は、

「鳥なんて放っておけ、何か話せ」

とせかした。わたしは一瞬、この鳥は、〝シグナル〟なのだろうかと思った。そしてわたしは、リハーサルなしで、アルバートの追悼の念を述べ始めた。

＊　＊

「アルバートをとてもよく知っていたとはいえ、彼が自殺したことを説明するのは、むずかしい」

とわたしは語り始めた。たしかに彼についての人となりを語るのはむずかしい。

わたしは、彼が苦しんでいたことはわかっていた。

アルバートは、満足というものを知らないタイプの人間だった。もし、彼が月を手に入れたとしたら、次には、星を手にしようともがくだろう。彼が何度も自分で言っていたように、彼自身が彼の最悪の〝敵〟なのだった。

彼は、常に自分のことを遠くから厳しすぎる目で見ていた。また彼は、とても感じやすく、繊細で優しかった。この世の人生は、彼の手に負えるものではなかった。

彼は、一度言ったことがある。

「この地球において、自分はまるでここに属していない者のように感じる」と。

彼は、人々がなぜあんなにも冷たくいられるのかと疑問に思い、周囲の人々を理解できないでいた。彼の目には、世の中は残酷な場所に映っていた。彼の周りにいる友達はみんな病気で、その苦しみは、いたるところにあるようだった。

わたしは、アルバートの友人たちの前に立ち、わたしの知っていた、そして愛していたちょっと内気で親切な彼の善良さを話し続けた。

わたしは、一瞬、間を空け、彼が〝あの夜〟やってきて話してくれた言葉のいくつかを思い出していた。

わたしは目の前の人々に向かって、アルバートが死んだ夜、彼がわたしに会いに来たように感じたこと、そして、それらの言葉がわたしを慰めてくれたこと、そして彼の自殺は、多分、運命的なもので、それが彼のこの人生での課題だったのかもしれないと語った。

わたしは、今現在、アルバートは、ちゃんと彼自身が望んでいたどこか〝より好い場所〟にいるに違いなく、そして、わたし達を、彼の愛した人々を見守ってくれているのだと思いたい、と言った。

わたしは、アルバートが現れた夜に経験したことを残らず話したかった。でも、そう簡単に信じてもらえるとは思えなかった。

でも、わたしは語ることにした。もしかしたら、アルバートがわたしに与えてくれた小さい〝希望〟の種をまくことができるかもしれないと思ったからだ。アルバートの言葉は、わたしの魂に刻まれている。

すべてを語り終え、人々を見た。

彼の愛した多くの友人たちが、涙を流していた。

わたしは、アルバートの一番好きだった古代中国のことわざを引用して、短い追悼を締めくくった。

「出会いは、別れの始まり」

＊　＊

スピーチが済んだ。わたしが家に帰ろうとすると、エドがやってきた。エドは、わたしの近所に住んでいたので、一緒に乗せて行ってくれないかと頼んできたのだ。夕闇は迫りつつあり、わたしは道連れを歓迎した。

車を走らせるにつれ、わたしはアルバートの存在をまた感じていた。それはまるで、アルバートがわたしにエドと仲良くしてくれと頼んでいるようだった。

エドは、この世でまったくの孤独であり、わたしの友情を必要としているという感じだった。わたしは、彼と友達になるおかしな義務のようなものを感じた。

街を抜けて走るあいだ、わたし達は話をし、わたしはエドに対して何か温かいものを少し感じていた。

彼のアパートに着いた。わたし達はアパートの外に止めた車の中で一時間ほど、わたし達が失った友について、あれこれと話した。

やがてエドが車の外に出た。

わたしは、彼を抱きしめたい思いに駆り立てられた。

空には月が出ていた。

わたしは車の外に出ると、五分ほど、月明かりの中で抱き合った。ふたりとも泣いていた。

わたしは、頭上にある電話線をぼんやり見ていた。

すると、そこに再びのどがルビー色のハチドリがやってきたのだ。

チーチー
のどの奥から小さな声を出している。

ならなかった。

「エド、ハチドリだよ」

「ハチドリ？　それがどうした？」

エドはあまり関心を示さない。でもわたしには、それがシグナルのように思えてならなかった。

過日、ハチドリは夜には飛び回らないことを知った。ハチドリは、夜になるとエネルギーを蓄えておくために心拍数や呼吸数がゆっくりになるトーパーと呼ばれる麻痺（＝活動停止）の状態つまり、冬眠のような状態になるのだそうだ。したがって夜間は眠るのだそうだ。

にもかかわらず、月明かりの夜間、なぜわたしの前にハチドリが現れたのだろう。あのとき、エドはハチドリに関心がなかったが、わたしが、エドにあの夜のことと小さな鳥のことを思い出させ、わたしの持っていたハチドリの性質についての本を見せると、彼もようやく何かを感じたようだった。

そしてエドは、アルバートの死をよりスピリチュアルな観点から捉えるようになっていた。彼は、アルバートが天国にいて、わたし達を見守っていてくれることを願う、と言った。

パーティーの翌日、わたしはアルバートからの手紙を郵便で受け取った。

それは、あのぐちゃぐちゃにされたノートの走り書きを、便箋に清書したものだった。

そして、それはアルバートが本当にわたしを愛していたという最後の感謝を示した証しだった。その手紙は、

「どうかボクのことを決して忘れないで欲しい」

と結ばれていた。

その手紙が届いたとき、わたしはざっと目を通しただけだった。手紙がそのとき届いたことの深い意味に気づくことはできなかった。わたしには、まだつらすぎたのだ。

第6章

その後の数ヶ月

一九九四年六月から十月

アルバートからのシグナルはその後も続いた。しかし、わたしは正直、価値や内容がどれほど重要なものであるか、予想できなかった。

その理由はわたしの体調にあったかもしれない。だから、うまく彼からのメッセージを受け取ることができなかったのだろう。

アルバートの追悼パーティーのあとの数ヶ月間、わたしは、体が急速に衰えていくように感じた。わたしのエネルギー・レベルは、確実に下がっていた。

感染症と闘っている時期のほうが長く、常時、吐き気に襲われていた。通常では何でもないようなことをするにも、大きな体力を必要とした。

疲れ切っていた。何時間も、ベッドに横たわっていた。ベッドに横になる時間も確実に増えた。日に数時間だったのが、数日となり、やがて数週間、数ヶ月になった。部屋の日よけは下ろされたままだ。時間の感覚さえ失っていた。

その日が何曜日なのかさえわからないことが多くなった。自分自身を励まして、かろうじて外出しても平衡感覚をなくしていたため、倒れないように必死だった。

そんなふうに外出したわたしには、おそらく「死相」が漂っていたに違いない。古くからの知人にばったり出くわしたが、友人はかける言葉も忘れ、恐れるような目つきで、わたしを見ていた。

しかし、わたしはそれでも生きていた。わたしの内部で輝き続ける小さな希望の光のようなものが、わたしを生かしていた。それは、アルバートのメッセージなのかもしれなかった。

わたしにとって、ベッドに横になっていた歳月はムダではなかった。むしろ、安全で心地好い場所にいられることがありがたかった。大きな痛みのあとの、わずかな痛みさえも、健康を取り戻すためなのだ。これ以上は、悪くも良くもならないのではないかと思われる場所、いわゆる中間地点にわたしは達しようとしていた。もし、呼吸が苦しくなったら、苦しくなかった時の心地よさを思いだし、そのことに集中するようにしたのだ。

だが、正直に言えば、死んでしまいたいと考えた時もあった。多くのエイズ患者が、それほど深刻な病状ではなくても死んでいった。開発されている医薬の現状を考えたら、わたしに生き残るチャンスはなかった。

自殺には、それぞれの理由がある。わたしにもそれなりの理由がある。だが、わたしの内部に灯り続ける希望の輝きが、わたしを生かし続けた。わたしの〝生きる〟という意志を強くしたのだ。


シャロン・ショーは、わたしに毎日電話をかけてくれて、頻繁に訪ねてもくれた。彼女は、たえずわたしを励ましてくれた。

「病状は、過ぎ去るもの」

と、彼女は言い続けた。それがたとえわずかなものでも、プラスの面を見て、そこに集中するようにと、うるさく言った。彼女は、わたしによかった時間や日々を思い出し描き集中させることで、つらい日々を乗り切る手助けをしてくれた。

開けはなたれた窓から入ってくる心地よい風。太陽の光、緑の木々、それらの存在は大きかった。

痛みのない時間のその一瞬一瞬が、わたしの精神を再生させていった。

そしてついには、数日状態のよい日が続くようになった。危機は脱したように思われた。

体調が戻り、頻繁に家の外へ出るようになった。

まず週に何度か、家の周辺を歩き始めた。最初はゆっくりとした足取りだ。やがて軽いジョギングもできるようになった。

気持ちも前向きになった。

くじけそうなときは、いつもシャロンが励ましてくれた。

ゆっくりではあるが、確実に回復していった。

アルバートの死から、半年が経った。わたしの悲しみもいくらか和らいできた。

わたしは、新しい治療法をスタートさせ、そのかいあってか体調は良好になりつつあった。体力も徐々にではあるが戻りつつあった。

ジムにも通えるようになった。最初はステアマスター（足踏み用マシーン）も五分間が精一杯で苦しかったが、時間が経つにつれ、三〇分も続けられるようになった。生きている実感がよみがえる。

プロテアーゼ（蛋白質分解酵素）の抑制の進歩や、新たな治療法のおかげだと思う。血液の値も、平均値に近づいていった。

新しい生活を踏み出したような気がした。そして、その生活にはアルバートがいつも付き添っているような気がした。

というのは、アルバートがいつもわたしに、自分（アルバート）の存在を意識させてくれたからだ。わたしの頭の片隅からアルバートがいなくなると、彼は偶然的なことを起こしたりして、いつもわたしの頭に戻ってきた。たとえばこんなふうに……。

ある日わたしがジムを出て駐車場に向かおうとしていた時、ベット・ミドラーの「愛は翼にのって」が館内に流れていた。わたしは、ベット・ミドラーに逆らうつもりはないが、わたし自身、いままでラブ・バラードやポップスにそれほど注意を払ったことがなかった。

わたしは車に乗り込み、エンジンキーを回した。付けっ放しになっていたラジオの１０３・５『コースト・ラジオ』から声が聞こえる。リスナーが誰か愛する人に曲を捧げるコーナーだ。

「では、どうぞ、彼はあなたを愛しているから……」

ラジオのパーソナリティーの声。やがて……

「愛は翼にのって」が流れ始めた。

もう同じ曲は聴かなくてもいいよ、とわたしは思い、車に乗せてあったカセットテープの束のひとつに手を伸ばした。暗かったので、最初につかんだカセットテープをそのまま、カセットデッキに入れた。

なんと「愛は翼にのって」が、スピーカーから高らかに流れてきたではないか。

わたしは、車を道路脇に停めた。

カセットテープを取り出してみて気がついた。アルバートが編集した古いカセットテープのいくつかを数日前に持ってきていたのだ。これは、そのうちのひとつで、ちょうど同じ曲が出てきたのだ。

（アルバートが、これをボクに聞かせたいんだ……）

それはまるで、宇宙のしわざのように思えた。わたしはちゃんとそこに座ってその曲を聴かなくてはならないように感じた。

その歌詞は、深い愛情と友情を詠《うた》っていた。

アルバートが逝ってしまった夜以来だ、こんなふうに彼の存在を温かな光の放つ輝きの中に感じたのは……。これは、あの世から時空を超えた抱擁なのだろうか？　わたしにはそうとしか思えなかった。

アルバートは確実にわたしと共にいる。

わたしは、ふと上を見上げた。

椰子の古木がそこに立っていた。

ああ、その椰子は……。そう、彼がわたしに心の内をうち明けてくれたそのすべてを見ていた、あの椰子の古木だった。

温かな光にあふれた気分のまま、わたしは家まで運転した。気分は新鮮で、安らいでいた。あの歌詞は、アルバートがかつてわたしに言ったポジティヴなこと、その一つひとつを思い出させた。あの世からの〝助言〟にわたしは、まだちょっとばかり懐疑的だったが、実のところ、本当にそれが、単なる偶然であろうとなかろうと、関係なかったし、わたしは、もっと明るい展望を感じていて、それによってわたしは救われていたのだった。


数日後、わたしは、教会に行って祈った。わたしは、もっとはっきりした大きなシグナルを求めていたのだと思う。もし、アルバートがわたしに接触できるとする場所がどこかにあるとしたら、それは教会だろうと思った。

一九九三年、アルバートはわたしをその教会に連れて行ったことがあった。そこは教会といっても、修道女たちが自らの焼いたパンを売る尼僧院だった。ロス・アンジェルスの他のどの場所とも違う、ヴァイン通りに続く、ハリウッドのど真ん中にある静かな小さなオアシスだった。

礼拝堂に一歩足を踏み入れると、抑えられない感情が溢れてきて、わたしは泣き出した。思い出がとめどなくよみがえる。アルバートの痛みと苦しみ、そして死への道のり。

一時間ほど祈った。

礼拝堂をあとにして、車に戻ろうとした時、年配の修道女が近づいてきた。年配のシスターは、他の修道女たちが〝沈黙〟を誓ったこの尼僧院で唯一〝話す〟ことを許された人だった。

シスターは、わたしがなぜ泣いていたのかとたずねた。わたしは親友が自らの命を絶ったことを話した。シスターは、アルバートが一人でここにしばしば来ていたことを覚えていた。

「彼は、多くの苦しみを感じていたに違いありません」

とシスターは言った。

「そのとおりでした」

わたしは答えた。

「人はみな、この人生で苦しむものです」

とシスターは静かに言った。

何年ものあいだ、わたしはシスターが語った「人はみな、この人生で苦しむものです」について考えた。

たしかに、人はみな、この人生で苦しむ。

あの時、わたしの求めていたシグナルは得られなかったが、彼女の言葉は、わたしの中にずっと留まり、人生の苦しみというものは、宇宙の成り立ちの中で、浄化作用の一部をなしているのではないだろうか、と思い始めていた。

神がもし体を有していたら、わたし達は神の体の細胞の一つひとつなのだろうか。わたし達はそれぞれが小宇宙として、神の肉体としてのこの大宇宙につながり、わたし達の苦しみは、肉体における肝臓のような役割を担っているのかもしれない。肝臓は肉体の毒素を分解し無毒にする。だとしたら、わたし達の〝苦しみ〟というのは、重大な役割を果たしているのではないか。

かつてわたしは、すべての人々の苦しみは平等だと信じていた。一人ひとりが痛みとして経験するものは、わたし達が知っている困難のすべてで、そしてわたし達にとって、この困難が重大なのだと。

その人が背負う困難や苦しみは、別の人の痛みや苦しみと比べることはできない。だからこそ全体的にはバランスが取れている、つまり、苦しみを背負っていることには、違いがないと考えていた。だがわたしは、もう、それが宇宙的正義であるとは、信じていない。

人はみな同じように苦しむわけではないのだ。

ある人は、誰よりも、困難にあう。わたしの場合、〝平均的〟な人よりも多くの困難にあい、その苦しみからわたしは、強くなっていったのだ。

苦悩や困難にも、目的やそれなりの意味があるとたしかに思う。現在苦しみを抱えている人に、わたしのこの確信を伝えたいと願っている。そして、苦しんでいる誰かに、わたしが希望や信念といった光を灯《とも》すことができるのなら、そのことのほうが、霊的な現象が起こっているということよりも、意義のあることだと思う。

シグナルは続いた。わたしはそのたびに、アルバートを思った。

一九九四年一〇月の出来事もそのひとつだ。わたしの体調も回復しつつあったころのことだ。

わたしは、「アウト・オヴ・クローゼット」という名の安売り（格安、倹約）ショップに出かけた。家から外出するのは、気分がよかった。

わたしは、安売り店に行くのをいつも楽しんでいた。

欠損があるもの、誰かに使われ、古くなったもの、そういったご用済みになったものの中に、わたしにとって宝物のようになるものがないかどうか、わくわくしながら、あれこれと探すのが好きなのだ。

中古品というか、誰かがすでに持っていたもの、使っていたもののほうが、新しいものよりも、わたしには魅力的に思えた。

がらくたを掘り返していると、ショップのスタッフが本の入った大きなダンボール箱を三つ、抱えてきた。わたしは、箱の中をのぞいたが、興味をひかれるものはなかった。

すると、店の売り子が、さっきのスタッフが店の裏にあるゴミ箱に、状態が悪すぎてとても商品にはなりそうもない本を一箱置いていったと、耳打ちしてくれた。もし興味があるならそれらを見てはどうか、と言ってくれた。

店のスタッフもさじを投げるような本、普通ならわたしは辞退していたと思う。でも、その時は、ちょっと見てみようという気になった。

ほとんどの本は、一九世紀後半のものだった。

破れていたり、酸化し日焼けしており、紙も製本もバラバラになっていた。

わたしは、本をかきわけ、段ボール箱の奥まで探した。

そして、一八七八年の「The Meaning of Friendship」という題名の本を引っ張り出した。その本は、かなり状態が悪く、皮のカバーは破れて本の背表紙も壊れていた。

それは、ある牧師によって編集された〝友情〟についての問いを集めたものだった。

わたしは、その本を持ち帰り、空のシューズボックスに入れた。

何日か過ぎたある日の夕方のことだ。

わたしはなんとなく気分が落ちつかず、何か読むものはないかと見渡した。わたしは、シューズボックスの中からあの本を取り出した。

丁寧にページを開く。多くの引用文は、すばらしかったが、ページをめくると何枚かはぼろぼろと取れた。ほこりがそこら中に舞った。

本の中程まで読み進んだ時だ。

わたしは、腐りかけた古ぼけた栞《しおり》がページのあいだに挟まっているのを見つけた。

栞は、本のなかにアンダーラインが引かれた、ある引用句を指していた。

何十年前、いや、もしかしたら一〇〇年も前に引かれたかもしれないアンダーライン。最後にこの本を開いた人によって挟まれたであろう栞。

アンダーラインの文はこう書かれていた。

「会うは、別れの始まり」


死後の世界から、わたしにシグナルを送るというアルバートの約束は、ちゃんと果たされたのだろうか、というわたしの疑問は、このような瞬間に消えていった。

彼が亡くなったその晩の濃縮されたメッセージ。

その後の六ヶ月のシグナルは、かすかなものだった。それらは、もしかしたら〝偶然〟と片づけられてしまうかもしれない。

しかし、これら静かでささやかなシグナル一つひとつが、わたしにとっては安らぎと希望となった。

アルバートからの合図がこれから先どういうものになるのかは、わからなかった。

たぶん、彼からの贈り物を受け取るには、気持ちの整理が必要だったし、肉体と精神の痛みから解放される必要があったように思う。

アルバートの死からの数ヶ月、この期間のわたしは、その後起こる深遠なる交信を得るための準備がまだ整っていなかったのだ。

第7章

希望とシグナル

一九九四年の一一月。

不動産屋と近所に住む知人が、道の向こう側にあるアパートの部屋を見ないかとしきりに勧めた。

彼女は、新しいところに移れば、物事がよい方向へ変るきっかけになるかもしれないとわたしを説得した。

わたし自身は、そのような変化を望んでいるかどうか、よくわからなかった。

もうここには一〇年以上住んでいる。安全で心地好く、いい思い出がいっぱい詰まっていた。こんな楽園から離れることは、気が進まなかった。

でも、新しいアパートはたしかに、今のところより広くて、しかも温かく感じられた。わたしは何度かそこを訪れてみたが、引っ越すべきかどうか、決めかねていた。

そんなある日の午後のことだ。

引っ越しを決意させたある出来事に遭遇したのだ。

決断は、小さな訪問者によってなされた。

わたしは、テラスに腰掛けていた。

するとハチドリがやってきたのだ。

アパートの部屋は、ロス・アンジェルスの都市化された地区のコンドミニアムの地上一〇階にあった。建物の側壁はコンクリートでできていて、そのテラスにはハチドリを呼び寄せそうな緑や花々はほとんどなかった。渋い幾何的な場所で、とても小鳥が訪れるような環境ではなかった。

そんな場所に、突然やってきたハチドリ。わたしはアルバートからのサインだと思った。

新しいアパートに移って最初の二週間、ハチドリは毎朝、窓におはようの挨拶にやってきた。曲がったくちばしと、特徴的な模様で、同じハチドリであることがわかった。

わたしは、小さな訪問者のために、テラスを取り巻くように蔓《つる》の植物を植え、ハチドリ用の赤い餌箱を備え付けた。二、三週間もすると、その餌箱にはたくさんの小鳥たちがやってくるようになった。時間があるときは、一日中餌をやった。小鳥たちを見ているのが楽しかった。餌箱に集まる彼らの行動は、まるでオーケストラのようだ。繊細に統率されたダンスで、一羽が飛び立つとそこにまた一羽が入るという具合だ。

やはり引っ越しは正解だった。

わたしの体調は回復していった。新しい環境がわたしを強くしていった。


一二月になり、わたしの誕生日が近づいていた。

わたしは孤独だった。アルバートに続いてトニーが、亡くなった。ケリーとマークは、かなり病状が悪く入院していた。

わたし、ケリー、マーク、アルバート、そしてトニーの五人がそろって迎えたかつてのクリスマスのころを思い出していた。この季節は、五人にとって、人生と友情を祝う特別なものになっていた。だから彼らなしの一二月は物寂しい。わたしはむなしさを感じていた。

シャロンと出会う前、誕生日はわたしにとってほとんど意味のないものだった。それは、単なる一年の〝ある一日〟にすぎなかった。しかしシャロンは、誕生日について彼女独特の熱心さで、誕生日は祝う意味があるとわたしを説得し、それ以来、重要な意味を持つようになっていた。

彼女は、人としてこの世に生をうけた記念すべき日、誕生日は、単に一年の経過として祝うのではなく、人生そのものを祝うものだ——と感じていた。

だからこそ、わたし達のそれぞれのユニークな人生は、何かの儀式的なものをする価値があると、シャロンは熱心に説いた。

わたしの周囲にいる人々は、たいてい次の二通りのうち、どちらかの方法で誕生日を過ごしていた。

一つは、誰にも誕生日だということを伝えずにいる。

彼らは、普通に仕事に行き、普通に振舞う。特別な日ではない。おそらく過ぎ去った時間を認めることは、つらかった出来事が思い起こされるのだろう。一つ年を取ったことがむなしいのかもしれない。叶えられていない夢が思い出され、彼らの人生から時間が削られていくように感じ、グラスの中を砂時計の砂が落ちていくようなイメージなのかもしれない。死後の世界を何も信じていない者にとって、誕生日というものは邪魔になるのかもしれない。

人はみな、自分がいつか死ぬということなど、考えたくないものだ。だが、誕生日を意識しない、こういうタイプの人は、多くの場合、砂時計の砂が〝半分も残っている〟というよりは、〝半分しかない〟と物事をとらえる。「一年、歳をとる、ということは、一年、死に近づく」ことなのに、〝半分しかない〟ことを意識したくないのだ。この考え方は、つまり誕生日を意識せずにいることが、無意識であっても、〝人間、いつかは死ぬという誰もが避けられない運命〟に関わることをわずかでも否定していることにつながる。わたしは、この種の否定的なものは持っていなかった。とはいえ、悲しいというのではなかったが、この年はただ、孤独だった。

もう一方は、誕生日をパーティー化するタイプだ。

周りの人に、誕生日を前もって伝える。そしてパーティーを計画し、参加を促す。彼らは、砂時計の砂を〝半分残っている〟と見ている。あるいは、単に彼らはその日を祝っているだけかもしれないが、どちらにしても、彼らはそこで精一杯楽しむのだ。

一九九四年まで、わたしはこのグループにいた。

誕生日には友達に囲まれ、その友人たちと一緒に祝い、特別な友情を称えあうものだと考えていた。

でも今、わたしには、シャロンしか電話をする相手がいなかった。

魂がこの世に生まれ出た日なのだから、やはりそれは特別なのだ。自らの誕生日をどう祝うか――それは、この人生で自分が何者であるのか、あるいはどこにいるのかを、映し出しているのではないだろうか。

それは、他人の誕生日とて同じだ。誕生日をどうとらえるか、それは、その人がこの世になぜ生きているのか、をどうとらえているかということなのだ。

誕生日に何をしたいかとシャロンがわたしにたずねた。

体調がすぐれなかったわたしは、

「以前から行ってみたかったラ・ブレア通りにあるマクロ・バイオティック（精進料理のような自然食）のレストランでの静かな食事はどうか」

と提案した。

その日、ほんの短い時間だったが、アパートから外に出た。外の空気にふれるのは気持ちがよかった。

シャロンとの食事。

わたしの中にはまださびしさがあった。ふたりは、前方の窓のそばに座り、話を始めた。

食事の途中、見覚えのある顔が窓の外をとおりかかった。

わたし達は眼が合い、互いに笑みを交わした。

それは、わたしがロス・アンジェルスに移ってきた当初、短期間だったがつき合っていたクリフ・ワットだった。彼は、とても優しく、紳士的で温かい心をもっていた。

彼の仕事がとても忙しいため、たいして連絡をとりあっていなかった。

わたし達は、何度かばったり出会ったり、年に一、二度たまに話をしたことはあった。

それは、いつも特別なもので、楽しかった。

わたしは、彼に対してひそかに思いを寄せていた。彼は尊敬するに値する人物だったし、あこがれでもあった。

彼は、窓ガラスをコツコツとたたいた。

わたしは彼に中に入らないかとたずねた。

彼は、食事は美味しいかどうか聞き、同席してもかまわないかとたずねたので、わたしとシャロンは、彼をよろこんで迎えた。

わたし達は、アルバートとわたしがアスレチック・クラブ（スポーツ・ジム）のカフェで初めて話をしたのと同じように、それからの数時間、話に夢中になった。

たちまちわたし達の関係は、深まった。

宇宙の計らいなのだろうか。わたしにとって、有意義な誕生日のプレゼントとなった。わたしは、新しい友達を得たのだ。

クリフとの交友関係は、わたしの希望をさらに膨らませた。その翌年、彼とわたしは一年をとおしてかなり多くの時間を一緒にすごし、わたし達の生活について話をした。彼は、わたしの身に起こった変化に興味を覚えたようだ。彼は、ＨＩＶ感染者ではなかったが、わたしが例外的に生き延びていることに強く関心をもっていた。

エイズであることで、わたしはいろんなことを学んだ。クリフは、わたしの話をまるでスポンジが水を吸収するように、熱心に聞いていた。彼は、自分自身を広げるため、周囲のみんなから学んでいた。

彼は、

「多くの人々が一生かけても決して獲得できない課題のいくつかを、君は三七歳にして学んだのだ」

と言った。

「その一つは、物事を宇宙に預け、無意味な問題に関して悩みすぎないようにすることだ」

と言った。たしかにわたしは、小さな問題を気に病まずに、その一瞬一瞬（時々）を建設的に意識して生きるようにすることを学んでいた。くよくよすることは、意味のない厄介なものに見え、過ぎ去ったことをあれこれ考え時間を費やすことも同じように無意味に思えた。

マークもこんなことを言っていた。

「過去を振り返って、そこから何かを学ぶのはいいことだが、あまりそれに関りすぎないことだ。ある時点で、見て見ぬふりをして視線を変えて、前に進むことだ」

わたしは、長期的な計画を立てるのをあきらめていた。実現できそうもない夢や計画に力を注いだりしたくなかった。そんな中、ゆるやかな変化がわたしの中で起きつつあった。クリフがそのことを明確に気づかせてくれた。わたしは、目の前にある一日に集中することを覚えた。

エイズであることが判明してから一〇年。

「与えられた時間を生きている」という表現は、たしかにわたしに当てはまっているように思え、これまでのわたしの生き方に影響を及ぼしていた。

人は皆、与えられた時間の上に生きている。そして〝時間〟こそが人が持っているすべてでもある。時間は消費され、失われていくものと、否定的にとらえていたことにわたしは気が付いた。

その場所で、生きていることにもっと感謝できる人間になりたい。一九九五年、わたしは希望と向き合った。

クリフとの友情は深まった。クリフは人生の困難に直面したときには頼れる友人だった。

クリフはわたしを毎日、こんなふうに励まし、勇気づけてくれた。

「君はこれを克服できるよ。ボクには分かっている。ジョエル、君は大丈夫だって。考えてみてごらん、君がもうどれだけを乗り切ってきたか」

暖かい言葉だった。

マークとケリーがこの年の早い時期に亡くなっていた。わたしは落ち込んでいたが支えてくれる友人がいた。人は誰かに支えてもらわなくては生きていけない時がある。互いに理解し合える存在というのは、本当に感謝すべきことなのかもしれない。

ある作家が――たしかヴォールテールだったと思うが――ある時、言った。

「鏡は、価値のない発明品だ。本当の自分を見るただ一つの方法は、他人の眼に映った自分を見ることだ」

たしかにそのとおりだ。なぜなら、わたしはそれをいつも周囲の友人たちから感じていたからだ。そして、いつもわたしはそれを感謝していた。

トニー、ケリー、そしてマークはもうこの世にいない。

にもかかわらず、一九九五年はわたしにとって前向きな年になった。

エイズとともに一〇年も生きてきたが、低下していた血糖値は、平均値近くまで上がった。亡くなったアルバートは、この年の前期六ヶ月間に何度もシグナルを送ってくれていた。わたしは、これらパズルのような出来事をいろいろ考えていた。


一月に起こったことは、アルバートはわたしに合図を送っているだけではなく、わたしをたしかに見ているのだと確信させるものだった。

それは、ある土曜の夜のことだ。

わたしの新しい隣人たちが、さかんにパーティーへの出席を誘っていた。実のところ、あまり行く気がしなかった。憂鬱ではあったが、誘いに乗ることにした。部屋に閉じこもっているよりは、外出したほうが少しはマシなのではないかと思ったのだ。わたしは酒を飲まなかったので、わたしが車の運転をすることになった。

わたしはサンタ・モニカ大通りを西に向かい、ラ・シネガにさしかかろうとしていた。

そのとき、ふいにアルバートの存在を感じた。

「車を止めろ！」

アルバートの声が心に届いた。それはとてもはっきりした声だった。

目の前の交差点の信号は、緑（あお）だった。

それでもわたしはブレーキをかけ、車を止めた。

同乗者たちは驚いた。彼らからすれば理由もなく車を止めたのだから無理はない。いらだってさえいた。

車が三台、わたし達をうしろから追い抜いて、交差点に入っていった。

まさにその時だった。

巨大なトラックが交差点のなかに信号を無視して突っ込んできたのだ。

目の前で、車四台がトラックに巻き込まれた。一人がその場で死んだ。

それは、一瞬のうちの出来事だった。

わたしの車に乗っていたみんなは、それを見てショックを受けていた。一人がわたしにいらだったことを謝った。そしてわたしの注意深い運転をほめた。

彼らは、わたしが交差点へ向かってくるトラックを発見し、それで事前に車を止めたのだと思ったようだ。

だが、そうではないのだ。アルバートの助言が、わたし達を救ったのだ。

アルバートのシグナルなのだ。

わたしはその夜、感謝を込めて祈った。

この出来事があって以来、わたしはかつての自分と同じではなくなった。

アルバートの存在がとても心地好く感じられるようになり、安心してさえいられるようになった。そして、彼からのメッセージを喜んで迎えた。

そうすると、今までよりずっと、彼からのメッセージが意味のあることであるとわかってきた。

時間がたつにしたがって、死んだあとも何かが本当に在《あ》るのだと信じることが容易になってきていた。わたしの奥に潜んでいた疑いの念は消えていき、この世で本当に愛した人たちと死んだあとも会う事ができることを、わたしは理解した。

ブライアン・ワイス博士の著書『Many Lives, Many Masters』（邦題：前世療法）によれば、あるグループの魂は、一緒に転生することがあるという。

わたし達の中で、ある特定の親しい人々は、この世ではないところの、ある高い意識レベルの段階で、次の世でも再び人生を一緒に経験するように選ぶのだ。現世での人間関係や置かれる立場は変るが、わたし達は、再び出会うのだ。

わたしは、人が死んだあとあの世で最初に目にする光は、自分が愛した人なのだと信じるようになった。その一筋のまたたく光が、さらなる大いなる光へと、わたし達を導いていく。その大いなる光は、壮大なる魂の集まりなのだ。


わたしの健康状態は、月をおう毎に回復していった。

プロテアーゼ抑制によって回復したことにより、死は、わたしの襟首を摑《つか》んだその手をゆるめた。

わたしの新しい友人たちとの関係はさらに進み、古くからの人間関係もまた深まった。

わたしは孤独ではなくなった。社交生活さえも広がった。

多くの人々が、わたしがどれほど元気に見えるかを口にした。また他の人は、わたしに以前は見られなかった明瞭さがあると言った。

これらすべてが、予期せぬことだった。

かつてわたしを診察した医師たちは、わたしが一九九〇年までには死んでいるだろうと予測した。わたし自身も、一九九四年にダメだろうと思ったほど状態は悪化した。

でも、このどちらの年も、わたしに訪れ、そして去っていった。まさに、人生は移り変わっていった。

わたしは、他の人たちにも、あの世から見守っている存在があること、愛していた人々が死後も存在している世界があることがわかり始めていた。アルバートから送られてくるメッセージやシグナルが、わたしだけの特別なものだと考えていたとしたら、それは、わたしのうぬぼれだっただろう。

わたしは、病気になる何年も前に、一日一善、つまり一日に一つは佳《よ》いことを実行しようと決めていた。できる限り多く実践しようと心掛けていたが、病気がちになり、体が弱くなるにしたがって、外に出ることが減り、他人に向ける時間が少なくなってしまった。

わたしは、自分の体力を回復させることに力を注いだ。

そして、体調が回復した今、より活動的になり、また外出できる時間も生まれた。わたしは、再び人生は楽しいものだと感じていた。以前にもまして生きることが楽になったような気がする。他人のために何かができる人生。その一日一善によってわたしの人生は豊かになった。

そんなある日のことだ。

わたしがその日の〝一日一善〟を実行していた時、アルバートからのシグナルを受けた。それは、風の冷たい冬の日で、車で帰宅している途中だった。

とある老女が、たくさんの買い物の荷物を載せた重そうなカートを押していた。彼女の自宅は、道路より少し高いところにあった。弱々しい老女より、カートのほうが重そうに見える。

一歩進むのにも苦労していて、よろめいて後退していた。わたしは、彼女を放っておけなかった。

わたしは、車を道の脇に寄せた。

降りて彼女に話しかけた。

「よろしかったら、手伝いましょうか」

彼女は、とても喜んだ。

坂道を上がり、アパートへ続く敷地内の坂を進む。

こうして、わたしは食料品がぎっしり詰まったカートをキッチンへと運び入れた。

彼女の名はアリスといった。

アリスは、見ず知らずの男性を信じ切っているようだった。

わたしは彼女に、これから先、誰をアパートの部屋に入れるかを考えないといけないよ、と注意せずにはいられなかった。

彼女は人を疑うことを知らないのだろうか。わたしにとってそれは、なんとも新鮮だった。

彼女は、わたしにブラック・カレント・ティーはどうかと誘ってくれた。実は、わたしのお気に入りのお茶だった。

お茶を飲みながら二時間近くも話し込んだ。アリスが話しているあいだ、わたしは彼女の顔を眺めていた。彼女はいったいいくつなんだろう？ と思った。顔には多くのしわがあって、おそらく八〇歳代の後半だろうと思われた。

わたし達が座っていると、誰か別の魂が彼女を見ている気配をわたしは強く感じた。見ているのはアルバートなのだろうか？ アルバートがそこにいる気配をわたしは感じていた。

たしかに「誰か」の存在を感じる。でも、彼女を見ているのはアルバートではないようだ。

わたしは、近くにいるアルバートのメッセージに耳を傾けた。

するとアルバートから返信があった。

彼女を見つめている「誰か」はアリスの兄だという。

アリスの年齢を考えると、すでに亡くなっている兄弟姉妹がいても不思議ではない。

わたしは彼女に、兄がいたのかと聞いた。

アリスは、その兄について語りはじめた。話すにしたがって彼らが分かち合っていた愛が、はっきりと感じられた。彼女は微笑んだ。

彼女は、兄について話し終えると、なぜそんなことを聞いたのかとわたしにたずねた。

わたしは自分の感じたままを話した。

「彼はあなたを待っています。そしてあなたがあの世に旅立つとき、最初に迎える光は、彼なのです」

ということを話した。アリスは、死後の世界についてほとんど信じていなかった。彼女の顔にはしわが戻ってきた。彼女は、わたしの話をいい考えだと言ったが、本当かどうか迷っているふうだった。

わたしは彼女に、あなたが再び兄に会えることを確信していると伝え、わたしは彼女の家をあとにした。

わたし達は、互いに何かを得たことを感じた。愛した人たちの魂は身近にいることを強く感じた。おそらく、アリスも死に際して、いくらかは希望をもつことができるかも知れない。

愛する人の魂は身近にいるが、このように、周囲の魂を感じる能力は特別なもので、アルバートから与えられたものだということが、わかってきた。

わたしは、感謝した。そして、アルバートの自殺について、寛大に受けとめられるように感じた。

彼の死、そしてあの最初の夜に送ってきたシグナルが、ほかのメッセージをも聞いたり感じたりすることにつながっている。最初の夜のシグナルがきっかけになって、ほかの人の魂の存在を感じ取れるようになったのだ。わたしは、おどろくべき「贈り物」を授かっていたのだった。

その後の数ヶ月間、わたしはさらに濃厚な霊的な遭遇をした。これらの経験の中のいくつかは、精神的にかなりつらいものだったり、感情に流されるものだった。それらのリーディング体験へのリアクションや感じたことを書くことは、それほど重要ではないと思う。でも、自分に深遠な影響を与えた霊的体験ではあっても、わたしとともにこの体験を分かち合う人々にとって、どんな影響を与えるかということは、あのころは知る由もなかった。

それらを起こったまま記すことが重要だと思うと同時に、わたし達の小さな親切が他人にもわずかなりとも好影響を与えることがあるように、わたしと分かち合ったこれらの経験を彼らが思い出すとき、常になんらかの感化を与えられたらと願っている。

自らの人生を振り返ると、タイミングに恵まれないこともあった。でも、いつでも全力を尽くしてきたつもりだ。エイズとわかってからは、エイズを生き抜くことが、主な闘いだった。

しかしながら、アルバートの死後の数年は、闘うことがだんだん楽になり、ある意味で最も楽な人生だったといえるかもしれない。

タイミングに恵まれていないと嘆くことがなくなり、物事はスムースに流れているように思えた。わたしは、いつも、必要な時に必要な場所にいた。ビジネスも順調だし、多くのチャンスが大した苦労なしでわたしのところにやってきた。わたしの理解を越えたどこかで、アルバートが導いているのではないかと、感じた。

一九九五年一月から九六年七月のあいだに、いくつかの霊的作用が起こった。ここにそのうちの三つを挙げよう。

＊　＊

一月、ここ数年で初めて体重が増えすぎた、いや太ったと感じた。

わたしは、新年の目標として定期的に運動することにした。わたしのチャレンジ目標は、一日に三〇分のステア・マスター（自動歩行機）を週に六日間こなすことだった。

わたしは、アスレチック・クラブに再び入会し、混雑を避けて午後にかよった。適当にたいくつさを紛らわせるために、わたしは、カセットテープか、好みの本を持参した。わたしは、ボディ・ビルダーではあったが、実のところ、エクササイズは好きではなかった。

ある日の午後、わたしがいつものルーティーンをこなしていると、一人の若い男性がやってきた。彼はわたしの隣りに置いてある飲料水器に用事があったようだ。

特別に目立った存在ではなく、ごく普通の男性だ。だが、どういうわけか、わたしは彼に引き寄せられた。ジムでは初めて見る顔だ。

アルバートが引き合わせているような気が強くした。それと同時に、この男性の周囲にもう一人の魂を感じた。

すると、その魂がわたしに直接話しかけてきたのだ。

それは、激しく大声で、アルバートが亡くなった夜のものと似ていた。

この魂は、四つの言葉をメッセージとして、わたしから彼に伝えて欲しがっていた。

しかし、わたしは、自分のエクササイズの真っただ中なのに、それを中断して、見ず知らずの人にメッセージを伝えに行く気はなかった。それにおそらく彼はわたしを頭が変なのだと思うだろう。

わたしは、マシーン・エクササイズを五分ほど続けたが、アルバートは、わたしにエクササイズをやめて、シンプルな四つの言葉からなるメッセージを伝えに行くようにと、しつこく言い続けた。

わたしは、アルバートを無視して、エクササイズを続けた。

一〇分も過ぎたころだろうか、その男性がまたわたしの前を通った。

その時、わたしと目が合った。

彼は、ロッカールームから自分のジム用バッグ(スポーツバッグ)を取って来ていて、クラブを出ようとしていた。

わたしは、彼に伝えるべきか、それとも放っておくべきか、心の中で激しく葛藤し、苦悶した。

そして迷った末に、わたしは、ステアー・マスターの機械を降りた。

わたしはその男性に近づいた。すると、話しかける言葉は、考えなくても出てきた。

「霊的な現象って、君は、信じるかい？」

「強く否定もしないし、だからといって肯定的にも思わないよ」

わたしの唐突な質問に、彼はごく普通に答えた。

彼の肉声を耳にすると同時に、彼のガーディアン・エンジェル（守護天使）から、男性の近くにいる魂について、多くの情報が流れ込んできた。

その魂はエイズで死んだこと。生前、彼はテレビ・セットのデザイナーだったこと。そして彼は体格が小柄だったことなどだ。

「僕たちはみな、何らかの霊的能力を持っているんじゃないかとボクは、考えている」

わたしは男性にそう話した。

「亡くなった君の友人から、君あてにメッセージがあるんだ。彼は、テレビ・セットのデザイナーで、小柄な人だったはずだ。彼は、エイズで亡くなった」

わたしがそう話すと、その男性は凍りつき、そのあと涙を流した。

「それは、わたしの恋人だったボブだ。昨日が、彼の一周忌だった。伝言をボクに伝える必要はないよ。わたしにはわかっている。昨日の夜、わたしは、泣きながら眠ってしまった。ほとんど一晩中、祈り、そして嘆いた。わたしは〝ボブ、わたしの声が聞こえるのか？　聞こえるかい？〟って言い続けてきたんだ」

わたし達は立ったまま、互いを見詰め合った。

「さあ、聞かせてくれ」

と彼は言った。

わたしは、四つの言葉を彼に伝えた。

わたしは
君の
声を
聞いている

わたし達は、互いに抱き合い、涙を流していた。

それ以来、わたし達はよく出会った。彼の名はデイヴィッドと言い、いつもわたしに温かで大らかな笑顔を向けた。


ガーディアン・エンジェルからのメッセージや、魂からの伝言は、わたしが望んでしたことではない。つまり、わたしのほうからそれを起こすことはできず、また、予期して起こるものでもなかった。それらは、彼ら（霊界）のやり方、彼らの都合によるものだった。

次に、二つ目のエピソードを紹介しよう。これは、強烈すぎて決して思い出から消え去ることはない。


新しい建物に引っ越して初めの数週間、わたしは、新しい隣人とこのビルのスタッフに対してできるだけ印象好く、ていねいに接しようと心がけた。スタッフの数は少なかったし、わたしはこれから先、長いあいだ、ほぼ毎日のように彼らと顔を合わせなければならなかったからだ。

ビルのフロント・デスクに、ヒスパニック系のカルメンという女性が働いていた。彼女は彼女だけの世界にいるようだった。

他人に対して礼を逸するという態度ではなかったが、さりとて友好的でもなかった。つっけんどんというか、愛想がないというか、彼女は、誰に対しても、ある程度の距離を置いていた。

ほとんど毎日の午後、わたしは彼女に「こんにちは」とあいさつし、声を掛けた。彼女は、滅多に返事をしなかったが、毎週毎週わたしは、声を掛け続けた。なぜ、それほどの特別な努力をすることが大事に思えたのか、わたしには定かではなかったが、とにかく続けた。

そんなある日の午後のことだ。

わたしは図書館に調べものをするために、外出した。

いつものようにビルから出る際、わたしは彼女のデスクの前をとおった。そのとき、彼女の髪型とセーターを誉めた。わたしは、何か、いつもと違うような気がしたからだ。いつもと違うというのは、わたしに接触しようと話しかけている魂の存在を感じたのだった。

その魂はカルメンに緊急に伝えたいことがあると言った。

わたしは、魂からの伝言をはっきりと激しく感じることができた。

その魂は、自分が生きていたときの様子を説明した。

だが、わたしはカルメンのことをよく知らなかった。

それに、唐突に、このような霊的なことを彼女に伝えることが恐かった。

もし、わたしがカルメンに霊的なことを唐突に語り、そのことがこのビルのみんなに知れ渡ったら、みんなから頭が変だと思われるかもしれない。

そうなればこのアパートに住みづらくなってしまうだろう。それが心配だった。

結局、わたしは彼女の前を通りすぎてしまった。

図書館についたものの、カルメンのところへ戻ってメッセージを伝えてほしいと懇願する魂の存在を感じ続けていた。

メッセージの一部は、彼女の義妹が妊娠しているというものだったので、わたしは、ただ単純に、彼女には妊娠している義妹がいるかどうかを聞くのをきっかけにしようと決めた。

彼女がノーと答えたら、わたしはそれ以上は、何も言わないことにしよう。

彼女がイエスと言えば、もしかしたら、自然に霊的ガイドから語るべき勇気をもらえるかもしれない。わたしは、夕食の予定をキャンセルして、アパートに向かった。

ビルのロビーには、カルメンのほかに誰もいなかった。

「もう、戻ったの?」

と彼女は言った。

「そうなんだ、用事を忘れていてね。ところで、君には、妊娠中の義理の妹なんているかい?」

彼女は、唇をまっすぐに結ぶと、濃い色の瞳でわたしをにらみつけた。彼女は、明らかに気分を害されたと同時に、驚きの面持ちだった。

「なんで、あんたがそんなこと知ってるんだい⁉」

わたしはゆっくりと深呼吸をした。

「たぶん、君たちが霊的現象と呼ぶようなものがわたしにはあって、その霊というか、魂がわたしにそう言ってきたんだよ」

「誰かが、あんたにそんな話を植えつけたのかい？　誰かの考えた冗談かい？　いったい、どうやってあんたにわかるんだい？」

わたしは、魂が伝えてきた霊自身が生きていたころのことを詳しく説明した。カルメンによれば、その魂は数年前になくなった、カルメンを育ててくれた伯母だった。

彼女はわたしの話を聞くと黙りこんでしまった。

彼女は憂鬱そうに、これまでの経緯《いきさつ》を話してくれた。

たしかに彼女の義妹が妊娠している。だが、カルメン以外にそれを知っている人はまだいない。義妹は、浮気をしたことがあり、お腹の子が夫の子どもではないのではないかと恐れていた。カルメンはそのことを、一昨日の夜、義妹から聞かされたそうだ。

義妹は、心配の余り、具合が悪くなり、堕胎をも考えているのだという。

わたしは、メッセージを伝えた。

お腹の子は、間違いなく彼女の夫、カルメンの弟の子どもだ。
堕胎してはいけない。
この子は、大切な存在なのだ。
わたし（魂）は、
カルメンと生まれてくる子どもの
両方を見守っている。
何も、心配することはない。
カルメンは、もうすぐ、
抱え続けている大きな不安から解放されるだろう。

というものだった。

その魂は、さらにカルメンの子ども時代の話を含めて、いくつかのことを伝えていた。わたしには興味も、意味もない事柄だったが、カルメンにとっては、意味のあるものだったようだ。

カルメンとわたしは、このことがあって以来、とても親しくなった。

彼女の雰囲気も変わった。ずいぶんと明るくなったのだ。わたしは、彼女に打ち明けてよかったと感じた。

これまで、見ず知らずの人に魂からのメッセージを伝えてきた。だが……と思うのだ。わたしはメッセンジャーとしての自分の立場に、ふと疑問をもった。

なぜ？　本当か？　自分自身で納得しているのか？

論理的にも、心情的にも自問自答した。

これらのシグナルを受け取ることは、肉体的にどう感じるか考えてみると、この感動は、とても独特だった。

わたしが子どものころ、たしか一〇歳の時だったと思う。バスに乗っている時に同じような感動を味わったことを思い出した。

バスにある女性が乗っていた。すると声が聞こえてきた。魂からやってくる独特な感じの声だ。声が言う。

「その女性はとてもつらい思いをしていて、誰かの助けをとても必要としている」

わたしは、その女性に声を掛かけてなんとか慰めたかったが、見知らぬ人と口をきいてはいけないと言われていたので、結局声を掛けることができなかった。

このような直感的な感覚は子ども時代に何度かあった。でも成長するにしたがって、それらに疑問を抱くようになり、結果的にそれらすべてをわたしの中から消し去ってしまった。

わたしは、人は誰もが何らかの霊的能力を持っていると信じている。だから、これらの出来事は、わたしだけの特別なものだったとは、思えない。たぶん、こうした知覚能力は、子どものころのほうが強く、歳を取るにしたがって、失ってしまうのだろう。世間の常識が、こうした知覚能力を否定したり、あり得ないことと、定義づけしているのだ。

わたしがまだ一七歳になる以前のことだ。友人のロバート・コーエンとドッグ・レースに出かけた。わたしは、初日に四つ賭けたのが、すべて勝った。

わたし達は、二日目、三日目も賭けに出かけ、それらにもわたしは勝った。

しかしそのあと、レースで賭けることをやめた。両親に見つかることを恐れたからだ。

わたしは、幸運が続いたのを、思いがけない授かり物だったのだ、と考えることにした。それ以来、ギャンブルをしたことはないが、頭の中に、勝者のナンバーが浮かんできたその感覚をわたしは、ずっと覚えている。

あれらの感覚は、今起こっていることと、状況がまったく違うとはいえ、いくらかの共通するものがあった。

これまでの出来事、カルメン、デイヴィッド、アリス、それからアルバートのメッセージ・ノートを見つけたこと、彼からのその後に続くわたしへのメッセージの数々は、かつてのそれらと似たような感じがあった。ある意味で、それは自分が大事にされているような、何かに抱かれているような感覚だった。そして、温かい感じがし、希望を持てるようになった。

わたしは、他の人々とこれらについて話し合うのは、まだ多少の不安があったが、メッセージに対しては、心を広げることを学びつつあった。

クリフは、こういったことに関して忌憚《きたん》なく話せる一人だった。

クリフと長時間、わたしの〝経験〟について興味深く会話を交わした。もちろん、それだけではない。クリフの写真家としての輝かしい仕事についても話をした。彼は、わたしの中の強さを見出すよう支え続けてくれた。

二月、クリフは、わたし達ふたりにとって特別な、アルバートからの〝コンタクト〟の目撃者となった。

クリフとわたしは、ラブレア通りにあるヴォトレ・サン・テ・レストランで昼食を取っていた。

彼は、ちょうどブラッド・ピットの撮影を終えたばかりだった。わたしは仕事のことや、出演していた俳優たちについて聞いた。でも、彼は、それらの話題について、あまり多くは話したがらず、会話をわたしの生活やわたし自身へと戻してばかりいた。

わたしは自分が体験している霊的現象の詳細を、周囲に伝え始めていたが、だからといって、それはわたしにとって特別喜ばしいことではない、とクリフに話した。なぜ喜ばしいことではないかというと、無理やりやらされているような感覚だったからだ。しかも、それが何故なのかよくわかっていなかった。

クリフは熱心に耳を傾けてくれ、周囲のほかの人にも、話すようにと励ましてくれた。はたして他人に話すだけ価値のあるものなのか、わたしはわからなかった。

人は、自らの未来を知ることが必要なのだろうか。人生と個人の運命は、その人各々のペースとプランにしたがい、そして展開されていくものだ――とわたしは考えている。

しかし、クリフは、これらの出来事を他人と分かち合うことは、重要なことかもしれない――と考えていた。

「それらの出来事は、ほかの誰かにとっては価値あることかもしれない。それに、君自身の成長にとっても必要なステップ（段階）なのかもしれない」

と彼は言った。

「考えてみるよ」

わたしは、そう答えた。よくあることだが、友人からの言葉というものは、天、宇宙からのメッセージであるのだ。

食事も終わりに近づいたころ、わたしはアルバートの存在を感じ始めた。

そしてもう一つの魂の存在も感じた。その魂は、あるつらい出来事を伝えようと試みていた。それは、この魂が味わった死の再体験のようなものだった。直感的に、わたしにはそれがクリフへのメッセージだとわかり、彼にそのことを伝えた。

彼は、

「何でも話してほしい」

と言った。

わたしは、この人物を描写した。魂が伝える。そしてこの時初めて、わたしはクリフをクリフォードと呼んだ。クリフは、もともとはクリフォードという名前だったという。

彼は黙ったまま座っていたが、やがて心が乱れてきた。

感情的になりはじめ、レストランを出たがった。

わたしもそれに同意した。というのは、そうとうに強い衝撃にわたし自身も襲われていたからだ。

わたし達は場所を変え、クリフのアパートへ向かった。

ゆったりとした椅子にそれぞれ腰を落ち着かせた。

クリフは、わたしが描写した人が誰なのか知っているという。

「さぁ、ジョエル、続けてくれ」

クリフは言った。わたしは再び魂の存在を感じ始めた。


「クリフォード、愛しているよ。来てくれて本当にありがとう。

ありがとう、そばに居てくれて。

それから、君にこのことをどうしても伝えたかった。これを君に言う必要があった。

ボクは君が来てくれるのを待っていた。クリフォード、君を愛している、そしてこれからもずっと愛し続ける。ボクは、もう苦しんでいない。来てくれて、本当にありがとう」

わたしは、ものすごく疲れてしまった。今回の経験は、わたしを圧倒していた。

一方、クリフは落ち着き、安らいでいるように見えた。

彼の仕事の客がもうすぐ来ることになっていたので、クリフはわたしが軽く休めるように、客間を使ったらどうかと言ってくれた。

わたしは、約一時間ほど眠った。

目を覚ますと、白い部屋の中は日の光で満たされていて、わたしは新鮮な気分だった。

クリフが別の部屋で顧客と話しているのが聞こえた。

わたしは話が終わるのを待ち、それからクリフの仕事部屋に入っていった。

わたしが描写した人物は、数年前に亡くなったアルという友達だと、クリフは言った。わたしは、アルに会ったことはなかったし、クリフも今までに彼のことを話したこともなかった。

アルは、ノース・カロライナ出身で、アルとクリフは一五年以上にわたり友人だった。

アルは、エイズを患《わずら》っていて、かかったウイルスは、特に悪性だった。

彼の健康状態は、急速に悪化した。クリフはそのころ、ニューヨークで仕事をしていたが、アルの人生が残り少ないことを知人をとおして聞いた。クリフは、ニューヨークをあとにし、彼の元へと急いだ。

彼が到着した時、アルの意識はすでに朦朧《もうろう》としており、昏睡状態となっていた。看護士は、アルがクリフォードの名を二日間、呼び続けていたと言った。

クリフはアルの最期の数時間、そばに座ってアルの手を握り、彼に別れを伝えていた。アルの意識は戻ることはなく、うわごとを言うだけだった。

クリフはわたしに、描写はまったく的確で、この〝通信〟が始まった時、レストランでは「That's What Friends Are For」という曲が流れていたと指摘した。その曲は、彼らが分かち合った曲だった。

クリフは普段から霊的なものに肯定的だったが、この出来事は彼の信念をさらに固いものにした。

わたしは、アルの最期の言葉をクリフと分かち合うことができたのだった。

わたしにとって、こうした経験を分かち合うことの重要性が明らかになりつつあった。そして、わたしはそれらを書き残すことも考え始めていた。

第8章

それからのシグナル

クリフとの出来事のしばらくあと、アルバートからの最初の霊的アプローチと同じくらい特別な遭遇があった。

それは土曜の夜のことだった。

誘われて、二人の友人とともに地元のナイト・クラブにいた。

でも、音楽がうるさく、しかもあまりにも暗かった。とてもゆっくり話をするという雰囲気ではなかった。わたしは、ここから早く抜け出したかった。

わたしは、少しでもましな場所をと、エントランスに行き、客のコートを管理しているスタッフと話し始めた。彼の名は、マイケル・ハーバートソンといい、互いに知らないもの同士だったが、わたしは彼と一緒にいるほうがクラブ内にいるよりも、ずっと快適に感じた。

でも彼は、何か思い詰めている感じだった。

わたしでよければ話を聞いてあげようかと提案すると、彼はそれを受け入れてくれた。わたし達は、コートが吊された狭いクローゼットに腰を下ろした。

マイケルが話し始めた。

するとわたしは、アルバートの気配をはっきりと感じた。

そして同時にマイケルの母親の存在も感じ、彼女が最近亡くなったばかりだというのもわかった。彼女の存在は言うならば、カルメンやクリフ、デイヴィッドの時とは違って、さらにはっきりしており、彼女はマイケルへのメッセージと同様に、わたしに対して特別に伝えたいことがあるようだった。

わたしは、ためらった。

マイケルを驚かせたくなかったからだ。

わたしは彼に、霊的な現象について、考えをたずねた。

彼は、霊的な存在の可能性は否定しない、と返事をした。

わたしは少し安心した。

「もしかしたら、君の母親は最近、亡くなったのではないか」

わたしがそう切り出すと、彼はたちまち目に涙を浮かべた。

彼女は、わずか二日前に亡くなったのだった。

彼は、とても寛容そうに見えた。そして、彼が母親からのメッセージを必要としていたことがわかった。

わたしは話を続けた。

わたしは彼に、自分に起きている霊的な現象をかいつまんで話した。そして、自分がプロの霊媒師などではないことも話した。人々の周囲にいる霊、あるいは魂の存在を感じることがあり、そういった霊や魂は、その人にとってのガーディアン・エンジェル（守護霊）のように思えるということも伝えた。時には、ただ単に魂がそこにいることがわかることもあるし、また別の場合には、その魂がわたしに話し掛けてくることもあると伝えた。

そして、今わたしには、あなたの母親の魂がわたしに話し掛けている、と説明した。

「頼む、彼女が何て言いたいのか教えてくれ」

と彼は言った。わたしは話し始めた。

「マイケル、ママよ。あなたをとても愛しているわ。

あなたがどれだけわたしのことを思ってくれていたかわかっているわ。わたしにわざわざ言わなくてもいいのよ。あなたがどんなに必死でわたしにさよならを言いたかったか、わたしを抱きしめたかったか、わたしは知っている。

わたしはいつもあなたと一緒にいるのよ。わたしが死にそうだということをあなたに伝えなかったお義父さんを許してあげてちょうだい。

彼がわたしの形見の品々をあなたに分けなかったことも許してあげてね。

あなたがこれから生きていくためにも、わたしの形見が欲しかったのは、わかっているわ。

でもね、わたしはいつもあなたのそばにいるわ。

これからもあなたのことをいつも見守っているのよ。

ああ、わたしの可愛い子、愛しているわ。

これからのあなたの人生、ずっとわたしはそばにいるわ。（そして）あなたが困難に出会った時、わたしはあなたの行く先を光となって照らすでしょう」

マイケルとわたしは、コートの中に埋もれ、少しのあいだ、黙ったまま、わたし達だけの世界にいた。彼の表情は柔らかく、頬は、涙でぬれていた。

マイケルの母親の魂は再び話し始めた。今度は、わたしにだった。


「ジョエル。わたし達は、肉体を持って生きていた時に個々の体であった以上に、子どもたちと離れているわけではないわ。

わたし達の中には、自分たちが生きているあいだに学んだことを、自分たちの子どもたちに教えるのに苦労している人たちもいる。

わたし達は、死に向かう時、子どもたちと離されてしまうのを恐れている。

わたし達は、とても強く自分たちが持てなかったものを子どもたちには与えたいと思い、わたし達が得たものを子どもたちに分け与えたいものなのです。

わたし達個人個人は、子どもたちと離されることはない。

彼らの人生のたどる道は、何度も繰り返し交差する。これらの関係は、永遠であるの。

互いに密接に繋がっていて、これらの関係は、役割を変えながら繰り返されるの。

あなたは、今あなたが学んでいることを他の人々に伝えることになるでしょう。

あなたが伝えることのできた何人かが、順番に、次は彼らが他の人に伝えていくでしょう。

これらの小さな一歩ずつの積み重ねが、わたし達全体をもっと高い意識のもとへと連れて行くことになります。

あなたが、今いるところから見たら、この歩みは、とてもゆっくりしたものに見えるでしょう。

今少しずつ、開かれているところです。

今、あなたが目にしている開かれつつある実態が、贈り物なのです。

自らの人生においてこのことがわかる人々は、偉大な贈り物を与えられているのです。

この贈り物は、苦しみから、そして過去の働きからによるものです。

この大いなる幸いは、いくつもの転生において少しずつ開かれてきたものです」

そして彼女は、もう一度マイケルに話し掛けた。

「マイケル。行く先々で、わたしは、また、あなたに合図を送るでしょう」

マイケルは、言った。

「もし、ボクが、その合図を見損ねたら？」

「そしたら、もう一度、繰り返し、あなたに合図を送るわ。あなた自身の中に答えを見つけるのよ」

やがて、アルバートとマイケルの母親の魂の存在が、徐々に薄れていった。

ふたりともしばらく無言でいたが、互いに抱き合った。

ふたりとも泣いていた。そばを通る客にとって、きっとそれは、奇妙な光景だったに違いない。マイケルは六フィート五インチ（約二メートル）の大男で、わたしも五フィート六インチ（一メートル七〇センチ）あるのだから。

マイケルは、彼の母親が癌で亡くなったこと、そして彼の義父は、マイケルの母が危篤であることをマイケルに教えなかったとわたしに言った。

義父が、マイケルの母親が亡くなる直前に、彼女の持ち物のほとんどを売ってしまったため、マイケルは、母親の形見となるべきものは何も残っていなかったそうだ。

彼はこの遭遇に胸をときめかせたが、それはわたしも同様だった。

わたし達は、元気付けられた。

その夜以来、わたしは彼にばったり出会うことが何度も重なった。わたし達は、不思議な縁《えにし》を感じるようになった。あれから、彼は人生において多くの成功をおさめている。彼は、ナイト・クラブの仕掛け人として成功し、また脚本家としても成功している。また、彼のプライベートな人間関係は、健康的なものになった。

マイケルと顔を合わせるたびに、彼は、自分が見守られていると感じていると言った。母親が生きていた時と同じように、彼女の愛によって支えられ、導かれていると、彼は語った。

その後、何年にもわたって彼女からのシグナルは続いているという。そして、母親の死というつらい出来事が、わたしと会って母親からのシグナルを感じたあの日を境に、美しい経験に変わってしまったのだと、マイケルは言う。

マイケルとの体験の直後、エド・フォーレイとシャロンの強い勧めもあって、わたしは日記をつけ始めた。これらの体験を他の人々とも分かち合い始めたのだった。

一九九五年三月、ジムでとても古い知人、マーク・ハインズにばったり出会った。

彼は、温かく情がある人で、彼は、わたしの健康状態が良くなっているように見えると、そして、以前ほど悲しんでいるようには、見えないと言った。

彼は、アルバートの自殺を知ったとき、何と言って慰めたらいいのかわからなかったと謝った。あのときは、慰めの言葉が見つからないほど、わたしが狼狽して見えたのだと言った。また彼は、アルバートとわたしがどれほど親密だったかをわかっているとも言った。

わたしは、彼の温かい挨拶とわたしの喪失感を知ってくれていたということをとてもありがたいと思った。

周囲の人々は、初めの何ヶ月かは、わたしの悲しみを理解し支えてくれていた。でも、時間がたてば、死者のことも、残された人の悲しみも、他人は忘れ去るものだ。当事者のみが、長くその痛みや喪失感を味わう。だから、ひょんなことで、こんなふうに慰められると、なにか大きな力をもらったような気持ちになる。わたしは、彼の言葉がありがたく、素直に感謝の言葉を述べた。

わたし達は互いに〝じゃあ、また〟と手を振って別れた。

わたしは、再び自分のトレーニングマシーンで、体を動かし始めた。

その直後だった。

マークと接触したがっている魂の存在を感じた。

魂はふたつ存在していた。

一つは、年配の女性で、もう一方は、幼い女の子だった。

わたしは、瞬間的に幼い子は事故で亡くなった四歳の子だと知った。

わたしは四歳の幼子が伝えたい内容が、マークを慰める元になるかも知れないと思った。わたしはマークを捜した。

すぐに見つかった。そして、

「もしできたら、カフェでプライベートな話がしたいのだが」

と聞いてみた。

彼はわたしの申し出に応じてくれた。

わたしはいつものように、慎重に切り出した。

まず彼に、アルバートの死後、いくつかの普通では説明できないことを経験していると話し、わたしはさらに死後の世界から亡くなった人々の魂が話しかけてくることの可能性などを信じるかどうかと尋ねた。

「そんなことは、まったく信じていない」

彼はそう言った。

彼はカトリック信者ではあったが、信者であることと、死後の世界や霊、魂の世界を信じることは同じではない。わたしの話すことは、彼が信じていることに当てはまらないものだった。

わたしは、彼の答えを半分しか聞いていなかった。

彼は、明確に「そんなことは、まったく信じていない」と言ったのだ。にも関わらず、わたしは不注意にも話し出してしまった。

事故で亡くなった四歳の子どもと、おそらくマークの祖母と思われる人の魂がマークを見守っているのが感じられる——ということを。

マークは、とても静かに話を聞いてくれた。

そして、わたしの言っている「幼子」とは、彼の幼い妹のことで、妹は四歳の時、交通事故で亡くなったと、わたしに言った。

しかし、彼の目は、わたしに対して、冷たい不信感があらわだった。

わたしは話をやめることができずに、続けた。

二つの魂は、いつもマークと共にいる、と口ごもりながら話した。そして、彼の幼い妹の魂は、祖母の魂と一緒にいて安心できるのだと伝えた。

マークがこの会話をやめたがっているのは明らかだった。

その後、数ヶ月、彼はわたしから距離を置いていた。

わたしは、これらの遭遇について、いくつかのことを学んだ。死者の魂からのシグナルを、その相手に伝えることは、必ずしも常に必要であるわけではないということなのだ。場合によっては、話さないほうがよいこともあるのだ。

それから後の数ヶ月のあいだに、わたしは何度か似たような経験をした。わたしは、霊界からのシグナルを、わずか三人と共有したに過ぎなかった。でもその三人でさえ、全面的に信用したわけではない。怪訝そうではあるが、ようやく理解を示してくれた、というのが正直なところだ。でも、その三人はわたしが話した内容を喜んでくれた。

アルバートの死より数年前のことになるが、わたしは、ＢＢＣフィルムのインタビューを受けた。

知人で、隣人でもあるドクター・サイモン・レヴィは、遺伝的な人類の性別に関する研究でちょっとした注目を浴びる存在だった。彼から、何人かの大人のゲイについての撮影インタビューを受けてくれる人を捜しているという申し出があった時、わたしは喜んでその一人となった。

結局、そのフィルムはＢＢＣで放映された。後日、サイモンはその番組でわたしのことを見たという人から電話をもらった。サイモンの友人でもあるその人は、わたしに会いたがっており、サイモンに、ブラインド・デートを設定してくれないかと頼んだ。サイモンは、わたしと彼の相性は、けっこういいかも知れないと思ったようだ。彼の名はザビエル・キャリカという。

ドクター・サイモンのおかげもあって、わたし達は、夕食に出かけた。

わたしは彼と一緒にいて楽しかったが、いくつかの理由から、わたし達は、友情以上の関係にはならないだろうと思った。

互いのことを気に入らなかったわけではないが、わたし達は、違いすぎたのだ。もっともわたしは新しく友人を得ることは嬉しかったが……。

わたし達は、その後の一ヶ月に三回デートをしたが、それからはたまに連絡をするくらいの関係になっていた。

一九九五年の三月、パビリオンの食料品店でわたしは彼にばったりと会った。

わたし達は、互いのそれまでのことを伝え合ったが、そのころわたしに起こっていた霊的な現象にはふれなかった。わたし達は、電話番号を交換し合い、翌週に一緒にジムへ行こうと予定を立てた。

その日の夜おそく、わたしはほとんど眠りにおちかけていた時、魂の存在を感じた。アルバート以外の魂の存在を、わたしが一人でいる時に感じたのは、これが初めてだった。それは、ザビエルの祖母だった人の魂だった。

彼女は、わたしの心の目に、ほぼ完全な写真のような状態で彼女のイメージを瞬間的に送ってきた。

彼女はクロスステッチで花模様が刺繍された白黒の生地のドレスを着ていた。服の袖は、上腕までまくられており、袖には八個のクリップが留められていた。彼女は、平らな、つま先のあいたシューズを履いていて、彼女の真っ黒で長い髪の毛は、丸く束ねられていた。

わたしは、興奮し起き上がって、ザビエルに電話をした。

電話口に出てきたザビエルに、アルバートの死後、わたしがある意味特殊な出来事を経験していることと、かつてどんなことがあったかを説明した。

彼が受けいれているようにみえたので、わたしは彼に彼の祖母のことを尋ね、祖母の魂がわたしに送ってくれたイメージをそのまま、彼に伝えた。

彼は、小さく笑い、とても喜んだ。

彼が言うには、わたしが語った彼女のイメージは、彼が最後に見た祖母の姿だったそうだ。まさに、同じような服装をしていたという。

彼女は、美容師で、いつもヘア・クリップを袖に留めていた。

伝えるべきメッセージは、そこにはなかったが、わたしは、彼女が彼のそばにいて、彼を見守っているということを彼に知って欲しかったのではないかと言った。

それ以後、彼に出会うたびに彼は、祖母からのメッセージはないか？　とわたしに尋ねるのだった。

何かメッセージがあったらいいのに、とわたしは願ったが、それは、なかった。わたしは、彼に、彼女の魂の存在に対してオープンでいれば、いつか彼女が彼に直接メッセージを送ってくるのではないかと提言してみた。今までのところ、それはまだ起こってはいなかったが……。

＊　＊

わたしはこれまで、占星学やタロット、数霊術といった未来を予測するものを信じたりしたことはない。また、気にとめたこともなかった。

エイズの新薬によってわたしの健康が向上していったように、わたしが体験した多くの霊的出来事は、わたしの精神的感覚を研ぎ澄まされたものにしていった。

人が、わたしに、プロの霊能力者と呼ばれる人々について意見を求めることがある。そんな時、わたしは白黒はっきりした意見を述べることを避けている。わたしにはわたしの体験があるだけだ。ほかの人のあり方について話すことはできない。なぜなら人は誰もが、あの世へ旅立ってしまった愛する人と接触する能力を備えていると、わたしは信じている。でも麻薬、アルコール、カフェイン、ストレスといったものが、その能力をダメにしているのではないだろうか。

健やかな眠りから目覚めた時や、瞑想から戻った時のような、平和な気持ちに似たリラックスした状態の時、わたしたちは、旅立った愛する者と接することができる。

彼らは、常に聴いている。

彼らは、わたし達の問いに応えることができるし、また応えてくれるだろう。

それらの声は、とても小さいかも知れない。

外からの「声」ではない。

愛する者たちとそれまで分かち合っていた愛を信じ、信頼しなければならない。

わたしがこれまで体験したり伝えてきたアルバートからのメッセージやシグナルは、すべて個人的に親密で誠実なものだった。誰かを驚かせたり、楽しませるためのものではないし、もちろん、それらは、わたし自身でコントロールできるものではなかった。意図して避けることができたのならば、もしかしたらそうしたかもしれない。でも、それらの経験が、はたして良かったことなのか、悪かったことなのか、肯定すべきことなのか、あるいは否定すべきことなのか、わたしにはわからない。

良好な健康状態で人生を送るほうが、明らかに簡単でより楽しいものだ。また、経済的な保証があったほうが、生活は安定する。友人からの慰めや支援は、人生で直面するさまざまな障害物を乗り越えやすくしてくれる。

しかし、そうしたことがたとえなかったとしても、わたしに届けられたアルバートからの最初のメッセージを心からの信念として、それを信じることを学んだ。

『人生におけるすべての瞬間が、意味と目的を持っていて、それらは偉大なる幸福へと繋がっている』

アルバートからわたしへのこの伝言によって、わたしはいつも落ち着いて物事を判断できるようになった。

そうなのだ。物事は、必ずしも、表面に現れてくるものが本質を表しているとは限らない。

今日の苦しみや痛みは、明日の偉大な有益な変化をもたらすかも知れないのだ。

我々人類は、今、肯定的な方向へ向かっているとわたしは信じている。

わたし達は少しずつだが、〝集団意識〟へと動いていると信じている。

多くの人々は本来は善いのだと信じている。

そして我々一人ひとりが、宇宙における肯定的な変化に影響している。しかもそれは、たとえば小さな親切を誰かに施すということが、それがやがてほかの誰かの親切に繋がっていくという具合に、影響しあっているのだと、わたしは信じている。


アルバートのメッセージは、みな、それぞれ違っていた。いくつかは他のものより深遠なものだった。また、あるものは長く、あるものは短かった。わたしが一人の時に起こったこともあれば、友人たちといる時に起こったこともある。

こうした経験はわたしに、人生の思わぬ変化を予期させた。

人はみな、苦しみや痛みがある。そして、みなそれぞれに、それぞれの方法でそれらに対処しているが、試練の時には、楽しかったことを思い起こしているほうが、賢明に思える。それが、わたし達にとって最良の選択のようだ。

人生におけるすべてのことが、過ぎ去っていくのだ。

永遠に続くトラブル、問題などないのだ。

人生には、喜びや笑い、愛の瞬間がある。そこには、言い表すことができない何か、人生の道を開くものがある。たぶん、あえて言うなら、それは「愛」とわたし達が呼ぶものかもしれない。

わたし達は愛なしでは、この人生を歩むことはできない。

わたしはそう考えている。

第9章

新たな友人たちへのメッセージ

今日まで、アルバートはわたしにシグナルを送り続けている。

これらの出来事が起こる時、いつもわたしは嬉しく思う。そして、一人の時よりも、第三者のいる前でシグナルを送ってもらえると、もっと嬉しい。

そんなに前ではないのだが、エディ・オーガーという新しい友人が、ほかでもない〝恋愛問題〟で心を乱していたのを、わたしが慰めたことがあった。

わたし達が話をしていると、小さなハチドリが飛んできて、わたしの肩に直接、とまった。

そのハチドリを、わたしは優しくなでた。

小鳥は安心したのか、なんと、わたしが両手で作ったくぼみに入った。

わたしはそのまま、エディに小鳥を手渡した。

彼は、それが何を意味するものなのかまったくわからなかった。

彼は、その鳥は病気なのではないかと推察したようだ。

わたしは、彼に、バルコニーへ出て、その鳥を放すように言った。

彼が外に出ると、小鳥は元気よく羽ばたき、大空に向かって飛んでいった。

エディは、それを見て、ものすごく嬉しそうだった。

彼はその日の朝、自らの問題の解決のための、何か合図のようなものが欲しいと祈ったのだと、わたしに言った。

エディとともに、この小さな奇跡に出会えたことは、光栄なことだった。

その少し後のこと、親切で素晴らしい女性で、わたしの隣人であるロリー・ローレンと話をしていた時だった。

彼女は、『フル・ハウス』というテレビ番組に出演している女優だった。

そのころ彼女は、服飾デザイナーのマッシモと結婚し、妊娠していた。わたしが彼女と話をしていると、

『彼女の出産に際して小さな問題が起こるかも知れないが、すべてはうまくいくだろう』


と、わたしに話しかける魂を感じた。わたしは彼女に、予定日よりほんの少し早く赤ちゃんがやってくるだろう、と伝えた。

「どうしてそんなことがわかるの?」

と彼女がいった。わたしは、

「いや、単にそう感じただけなんだよ」

と答えた。

出産予定日は九月一七日だったのだが、一六日に陣痛が始まり、結果、担当医によって帝王切開が行なわれた。赤ちゃんは一六日の午後に、予定より一日だけ早くやってきたのだった。


わたしがこれらの経験を記録し始めてから、ほぼ四年がたっている。

この本を書いているあいだにも、多くの大きな変化があった。一番大きなものは、ロス・アンジェルスに家を買い、改築したことだ。その作業がすべて完成したあと、わたしは、ハウス・ウォーミング・パーティーを開いた。

その時、ある友人が〝ロケーション代理人（エージェント）〟を連れてきた。

ロス・アンジェルスでは、〝家屋〟でさえもエージェントを持つのだということをわたしは知った。

わたしのこの家が条件にあっていれば、もしかしたら、テレビや映画、あるいは雑誌の撮影などにも使われることがあるのだ。そのエージェントは、わたしの家をリストに載せるようにと説得した。

そして、その後間もなく、わたしの〝家〟は、仕事をもらった。この新しい冒険的事業の試みは、利益になるものだったわけだ。

そんなある日のことだ。ハリウッドのゴールド・ジムでわたしがエクササイズをしていると、若いファッション・デザイナーがわたしに近づいてきた。

彼の名は、アンソニー・フランコといった。

彼は、わたしの家を雑誌で見て、とても気に入ったのだという。

その時、彼はファッション撮影のために使える大きな家を必要としていた。そして、わたしの家をファッション撮影のために使わせてほしいと言った。でも、仕事を始めたばかりで、資金がないという。正規にロケーション・エージェントを通して予約し、家を使わせてもらうほどのお金がないというのだ。でも、とてもわたしの家が気に入っていて、何とか使わせてもらえないだろうか、ということだった。

彼はとても熱心だった。

「OK、いいだろう」

わたしは彼に無料で家を使ってもらうことにした。

撮影の日がやってきた。撮影は朝の一〇時からだった。

我が家のドア・ベルが九時に鳴り、晴れやかな顔をした若くて美しい女性がそこに立っていた。

ひと目、彼女を見た時、わたしは、モデルの一人が早く到着したのだと思った。

わたしがドアを開けると、彼女は腕をわたしに巻きつけて、わたしに抱きついてきた。

「ジョエル、こんなに嬉しいことはないわ。一〇年たってようやく、あなたを見つけられたんですもの。これでやっと、あなたにお礼が言えるわ」

と彼女は言った。

朝の九時にしては、ずいぶんと濃厚なあいさつだったので、なんだか違和感があった。でも、彼女の目には、何となく見覚えがあった。

どこかで会ったことがあるのだろうか？

記憶の糸をたぐりよせても思い出せなかった。

「わたしは、ナタリー・レイタノです」

はて？　そんな名前には記憶がない。名前を聞いても思い出せなかった。

彼女は、輝くような笑みを浮かべた。

「アンソニーがジョエル・ロスチャイルド氏のお宅で撮影をすると聞いた直後から、会いに来なくてはならないと思ったの。わたしはあなたに大きな借りがあるのです。感謝しているんです。ありがとう！」

と、その瞬間、ようやくわたしは思い出すことができた。

彼女はポルトフィノ・日焼けサロンで働いていたとても若い少女だった。

わたしはそのサロンを一九九〇年にひと月だけ利用したことがあった。

さて、わたしは彼女の顔は思い出したが、それでもなお、なぜ彼女がそれほど必死なのか見当もつかなかった。

「わたしのこと、おわかりにならない？」

と彼女は聞いた。

「たしか君は、日焼けサロンで働いていた娘だよね⁉」

と応えた。

「でも、あなたは、どうしてわたしがこんなに喜んでいるのか、おわかりにならないのね？」

と、彼女はわたしの心を見透かして、そう言った。

彼女は、その時のことを説明してくれた。

その日焼けサロンは、ビバリーヒルズにあった。いろいろな人が利用していて、少々鼻持ちならない人にもサービスを提供していた。

わたしがフロントを通りかかった時、ナタリーはそこで仕事を始めて二日目で、デスクの上のコンピューターを起動させようと、悪戦苦闘中だった。

ちょうどその時、ハリウッドのある上流階級の有名人が、日焼け用の個室から出てきたところだった。

すると、その有名人はナタリーを見つけると、仕事に未熟なことを意地悪に、そして恩着せがましく叱りつけたのだ。

わたしは我慢ならなかった。たとえ相手が有名人だったとしても、こんなふうに高

慢な態度を取る相手には、言わざるを得ない。わたしは、

「相手が誰であってもあなた自身が受けるのと同じように、敬意をもって彼女に接するべきだ」

と言った。

ナタリーはとても感謝し、その後の数週間、わたし達はよく話をするようになった。

彼女は女優の道を志していたが、くじけそうになっていた。

わたしは彼女に、彼女が格別に美しいこと、そしてその上、もっと重要なのは、彼女が元来とても優しい性質であることだと話した。

うまく演技さえできれば、どこからでも仕事のオファーがくるのは確実だと思った。

わたしはそのことを伝え、夢をあきらめないように励ました。

何年もたった今、ナタリーは、あのわたしの言葉がとても心に響いたのだと言った。

彼女は夢を追い続けた。

現在彼女は、とても人気のある高視聴率のテレビドラマ〝ＶＩＰ〟に、パメラ・アンダーソンとともにレギュラー出演している。

この再会劇のあいだ、わたしはナタリーの周りに二人の魂を感じ始めた。

一人は、若い男性で、もう一人は年配の女性だった。

その両方が、ナタリーにメッセージを伝えたがっていたが、わたしは、その時、それを口にするのをためらった。カメラマン、モデル、そしてスタイリストが全員到着し、あたりの空気は高く湧き上がっていたからだ。

わたしはナタリーに、彼女が覚えていてくれたことを嬉しいと伝えた。

この出来事はほんの小さな〝親切行為〟であっても、漣《さざなみ》が立つように、なんらかの影響を他人に及ぼすことができるのだということをわたしに思い起こさせた。わたし達は、互いに抱き合い、さよならを言うと、わたしは自分のオフィスへ向かった。

数週間後、ナタリーは再び、ただ挨拶程度にといって、わたしを訪ねて来た。

わたしはこの本を書いている最中だったので、彼女にわたしが何を書いているかを話した。

彼女は、ものすごくその原稿を読んでみたいと言ったが、それはとても雑な最初の原稿だったのでわたしは躊躇した。が、不本意ながら、わたしは彼女にコピーを送った。

その翌日、彼女から電話があった。

彼女は、その原稿がとても気に入ったという。そして、次の日、昼食の約束をした。

昼食のあいだ、彼女はわたしを元気付けてくれた。それはちょうど何年も前に、わたしが彼女にしたのとまったく同じ性格のものだった。

わたしは、彼女の一言ひと言に、とても快適な気分になった。

わたしは、数日前、ナタリーが訪ねてきた時に感じた、二つの魂のことを話した。

そして、今もまた彼らを感じていると伝えた。

ナタリーは興奮し、彼らからの彼女へのメッセージがどんなものでも受け入れたいと言った。

わたしは彼女に、その魂の詳細を描写した。

そしてわたしは、ナタリーに、

「わたしが語った二人の描写について、合っているかどうか、単純に〝イエス・ノー〟で教えてほしい」

と頼んだ。ナタリーから二人についてさまざまなことを聞いてしまうと、このあとのメッセージに予断が入ってしまうからだ。

彼女は、疑いのない笑顔で、イエスと首を縦にふった。

わたしは、これから伝えるべきメッセージが正当なものであると知った。

それからの五〇分間、わたしはナタリーに魂からの個人的な詳細のメッセージを伝えた。

伝え終えると、彼女は堪えきれなくなり泣いた。わたしも涙を流した。

あの日以来、わたし達の友情は続いている。

第10章

シグナルの終わりに

一九九八年八月

これらの合図、サイン、メッセージと出来事は、わたしの生活を豊かにし続けた。いろいろな意味で、そして、いろいろな角度から、わたしはそれらについて感謝している。

折にふれ、これらの出来事をわたしは振り返り考える。

わたしは、これらの経験を自問自答し、また第三者と討論してもみた。

わたし自身が直接、それらを通して生活をしているのであっても、それらに疑問を持ってみた。

わたしの知るほとんどの人々と同じように、わたしはもともと疑心家なのだ。そして、論理的でないと気が済まない質《たち》でもある。

わたし達は、物質世界、つまり五感で知覚できる世界で生きている。

そして、わたし達は、具体的な体験を通して成長する。

わたし達の肉体が死ぬ時が、わたし達が馴染んでいる人生、知り得ている生命活動の終わりであると信じるのは、至極当然のことのように思える。

あなたが世界に存在する宗教の何か一つを信仰しているとしても、死の向こう側にある人生は、わたし達の想像を越えた、何か非常に異なるものと捉えられているだろう。

愛する者がこの世から去ってしまう時、わたし達は、逝ってしまった人と再会できることを期待することで、心を癒している。

わたし達が、死後も生き続けるという希望の光りを心に灯すのは、たぶんわたし達人間の切ない望みゆえかもしれない。人間はたしかにむなしい生き物だ。しかし、わたし達の想像を超えてはいるものの、異質ではあっても、この世と似ている世界が、この世を超えたところにあると信じさせ、受け入れるようにしているのは、わたし達を繋ぐ、愛という強い感情なのかもしれない。

わたし達が死後の世界というものを信じるのがどんな理由からであっても、わたし達は、信念と希望をもってそれを信じているのだ。

しかし、良い意味での疑心家は、わたしのような話を、「それは本当か」としつこいくらいに説明を求める。

あるいは、筆者が個人的利益のために話全体をでっちあげているのではないか、という人も現れる。

たしかに、これらの霊的体験すべてを、科学的に証明するのはむずかしい。信用性に欠けると言われればそれまでかもしれない。

これらの話を信じる人は、最終的には感覚を超えた大いなる〝存在〟を信じることのできる人であるか、あるいはそういう願望を、生まれつき持っているかだろう。

これまでの話は真実なのだろうか?

こういった話は、聞き流すのが一番簡単かもしれない。

あの世からのシグナルは、簡単に〝空想だ〟とされてしまう。それほど、微妙なものだ。しかし、彼らはいつも、なぜかは言わないが、わたし達に「希望を持つように」と伝えているようだ。

わたし達は、〝希望〟だけでは生きていけない。希望するだけでは、逝ってしまった愛する者たちは、この世に戻ってはこない。

でも〝希望〟は、わたし達を生かし続けてくれるものである。

一九九四年、わたしの状態は最悪だった。

死の淵をのぞき込みながら、生きることへ執着できたのは、「希望」という存在だった。希望という無限性だった。

アルバートの自殺や親友の死は、たしかに希望を失わせるものだった。でも、わたし自身の中に、〝希望〟は、たしかに息づいていた。


この本のどの部分も、わたしは真実のみを書いた。

わたしは、希望というものが持っている何かによって、ほかの人々を助けることができるかも知れない、という信念でこれを書いた。

これらの体験とともに、わたしの信念は、より強くなっていった。

わたしは肉体を持つ身であるので、物理的な世界に結びついている。だから、現実問題として、一日二四時間、あるいは一週間毎日ずっと、希望・信念をもち、楽観主義で生きることはできない。落ち込んだりもする。パーフェクトではあり得ない。

それに、わたしの魂とわたし自身を輝かせてくれたものの光景を見落とすこともある。

時々、新しい出来事や昔の記憶が、わたしがかつて学んだことがらを思い出させることがある。時には友人が思い出させてくれたりする。

わたしは忙しい人間で、時間が足りないくらいだ。たぶん、この人生のもっとあとで、人生をもっとシンプルにし、ゆっくりすごせる充分な知恵を得るだろう。

わたしは多くの時間をプレッシャーや、要求や、責任というものに気を取られて過ごしている。園芸のような単なる趣味においても、重要なプロジェクトに変わってしまう。

しかも、しばしば自分自身の精神的信念を見失う。わたしの信念へのつながりを失ってしまうのだ。

人生には、精神的、霊的な課題から錯乱してしまうことがある。でも、アルバートがシグナルによって知らせてくれたように、錯乱したとしても、迷ったとしても、なおその瞬間には深い意味があり、それは決してムダな時間でも瞬間でもなく、他の時間と同様に大切だということなのだ。

この本を書いていると、アルバートからのまた別の合図だと思われる奇妙な出来事が起こった。

それはその他のものと非常に異なっていた。

わたしは、そのころまだエイズの薬の副作用による手足の神経病に苦しんでおり、とくに手で書くことが困難になっていた。わたしの筆跡は、まるで子どもの落書きのようだった。

わたしはタイプの打ち方を知らなかったし、この本を書き始めたころのわたしはコンピューターについて無学に等しかった。でも、わたしはついに声によって反応するソフトウエアの付いたコンピューターを買ってきて、ラップトップパソコンと〝書き取り用ソフトウエア〟の使い方を学んだ。

わたしの生活は、かなり手一杯だった。わたしは書くのに忙しく、そしてまた健康と人との友人関係、家族をうまく機能させるため、普通以上のかなり大きな責任を感じていた。

これらのことがすべて重なると、わたしは自分を失いそうになった。

精神的なことへ無関心になったり、アルバートへの想いさえ、頭の隅から消え去ったほどだ。それでもわたしは、何とか、毎日二、三時間ほど、執筆のための時間をやりくりし、自分の気持ちを記録した。そしてテキストをディスクにバックアップを取り、プリントアウトした。

そのころ、わたしは、以前のパートナーであるキースと約二年のあいだ一緒に住んでいた。

彼は、研究室で微生物学者として働いていた。

ある夕方、彼が帰宅したときわたしは執筆中だったのだが、彼は、もう少ししたら、わたしの両親を夕食のために迎えに行かなくてはならないとわたしに催促した。

わたしは素早く書き取りをやめ、書いたものを記録に残し、印刷し始めた。

わたしはなるべく急ごうとしていたので、この本の容量やアルバートのことや霊的なことなどを何も考えてはいなかった。

一枚ずつ、プリンターからその章のページが出てきて、そしてその章が終わってしまったあとに、もう一枚出てきた。

白紙だった。

いや、何か印刷されていた。通常の書式のマージン（範囲）をかなりはずれた紙の一番上の角に、とても小さなハートが……。

この小さな風変わりな印は、なんだろう。

わたしはとても気になってしまった。キースもうろたえた。

わたしはそんな印をテキストに加えていなかったし、わたし達は、今までこんな形のハートを見たことはなかったのだ。

わたしはまだ使われていない紙を用意し、別のハートを探そうとプリンターにセットし、印刷を開始した。

どれもみな、完全な白紙だった。

あのハート型はどこからきたのか？　誰が書いたのか？　あるいは単なるマシーンのイレギュラーか。

どこかに正解はないかと、考えた。

その日の夜遅く、わたしはそのハート印を、一九九四年にアルバートの遺書である紙を、見せたことのある唯一の生存者となっていたエド・フォーレイに見せた。

彼と話しているうちに、わたしにアルバートが彼のノートに小粒のハートマークを描いていたことを思い出した。

ああ、そうなのか。

これは、アルバートからのわたしへの〝物理的〟なシグナルなのだ。

それ以来、小さなハートは七、八回、飛び出してきている。それは、いつもマージンを越えた端っこにある。それは、二台の異なったコンピューターに、二台の別々のプリンターでも発生した。このマークは、わたしの知る限りのソフトウェアのどこにもない。それに、自分でそのハートを出そうと思っても、どうやったらいいのかわからない。

わたしは、そのハートをコピーし、この本の最後のページにくっつくように縮尺して印刷した。もしよかったら、読者のあなた自身でも考えてみて欲しい。突然、原因なく現れたアルバートのノートにあったのとそっくりの、この小さいハートはかなり面白い〝偶然〟なのだ。

わたしは、それがもう一つの合図なのだと信じることにした。

わたしにとってはたしかに、そのハート印についての論理的説明が他にないのだ。この小さなハートは、わたし達のそれぞれが存在する世界を超えてきた、愛を込められたものだと信じている。

アルバートとわたしは、エイズと闘っているあいだ、深い友情を分かち合ってきた。互いに、尊敬と心からの称賛があった。彼自身が命を断ったその日は、わたしの人生にとって最も深い痛みとなった。あの大きな喪失感は徹底的にわたしの人生の方向性、生涯を変えた。

とはいえ、それはわたしがそれ以前には、決して想像し得なかった奇跡をわたしに与えてくれたのだが。

わたしの同志たちは皆、エイズと闘い、そして亡くなった。

彼らの多くは、わたしに素晴らしい思い出を残してくれた。

アルバートは、わたしに贈り物を残してくれた。

もしかしたらアルバートは自分が逝ったあとに、自分の死によって、わたしがどれだけの大きな苦しみや痛みを味わうことになるのか、気づいていたのかもしれない。

それが、彼が何度も合図を送ってきている理由なのだろう。

わたしには、答えを得ていない疑問が、まだ残っている。たとえわたしにであっても、疑いは忍び寄る。

でも、わたしは自問自答のあとに、アルバートの言葉を思い出す。そして、数々のシグナルや、その時々の貴重な瞬間、そしてあのハートが現れ出た時のことを思い出し、わたしは希望という贈り物に包まれる。

希望は、わたしの顔に笑顔を取り戻す。

希望は、わたしの暗く困難な行く末を照らしてくれる真理なのだ。

そして、わたしがこの世を離れる時間がきた時、わたしはあの〝希望〟と共に逝くだろう。

信念と笑顔をもって。

恐怖もなく、あの小さなハートを思い出しながら。

そしてアルバートからのシグナルのすべてを思い出しながら。

逝くだろう。


できることなら、この本を読んだ結果として、読者の中のいくらかの人々が――心を広くもっている人も、疑り深い人も――ある種の気づきを持ったり、この現実世界よりもっと偉大な、この世をはるかに超えたところへのわたし達のつながりに気づき始めてくれるかもしれない、とわたしは思いたい。

読者の中の何人かが、あちら側へ旅発った愛する人たちが、あなたたちに、もしかしたら送っているかもしれないシグナルに関してより受け入れやすく、より理解し始めてくれるかもしれないと、願いたい。

それらのメッセージの中にはとてつもない愛と癒しの力があるかもしれないのだ。

この話を読んでくださることで、あなたもまた、アルバートの遺言である〝決して忘れないでいる〟という願いを叶えさせてくれている。
ありがとう。

最終章

一九九九年九月三日

わたしのプリンターからあの小さなハートが飛び出し始めてから一年が過ぎるころ、コンピューター初心者から、わたしはインターネット上を渡り歩くまでになった。その一二ヶ月のあいだに、アルバートからの接触は、無意味にではないが、頻度は減ってきた。

わたしはいまだにわたしの旧友たちを切に恋しく思うが、わたしの新しい人間関係であるナタリー・レイタノ、エド・オウガー、クリフ・ワットそして、ほかの新たな友人たちとの関係は、深まっていった。

わたしの庭は、花が咲き、わたしは庭に住んでいるアライグマたちに餌を与えている。わたしの頭には、グレイ（白髪）の色が増えてきて、幾度かの場合を除き、わたしの健康状態はこの一二ヶ月、安定していた。

キースの研究成果は、二つの科学雑誌に掲載された。

わたしは新たにジャック・ラッセル・テリアを飼い、ビリーという名をつけた。キースがウィリアム・シェイクスピアからその名を取ったのだ。彼は、庭の朝顔の蔓に巣を作ったハチドリの小さな家族を追い立て翻弄するのが大好きだ。

この本の原稿の最終的な草稿を完成させてから、わたしはそのコピーを友人やわたしの家族に配り、それから何冊かを数人の作家宛てに送った。

そのうちの一冊が、ニール・ドナルド・ウォルシュ氏へだった。

彼は、その原稿を彼のアシスタントであるキャシー・ボルトンに評論するようにと渡した。

彼女は、わたしの話に共感し、初めの章を読んだ時に涙が出たとわたしに告げた。

わたしは彼女に電話をした。

……それは、やはりシグナルなのだろう……

彼女は、夏のあいだハチドリに餌をやり、毎年春にまた彼らが戻ってくるのを見ていたほど、今までずっとハチドリが好きなのだと言った。彼女は、歌手であるのだが、彼女の最新のアルバムは、〝愛は翼にのって〟だった。

彼女が、そのアルバムのコピーをわたしに送ってくれたので、わたしは彼女の美しい歌声を聞き、彼女の歌を楽しんだ。

彼女のアルバムに収録されている別の一曲は、わたしが子どものころ、大好きだった曲であり、それからCDのジャケット・カバーの掲載ページには、しばらく前に彼女がつけたという、アルバートがわたしに送ってきたものとまったく同じ小さなハートが付いていた。

キャシーとわたしは、これらの奇妙な小さな〝偶然〟について話し合ったとたんに、わたし達は瞬時に温かな友情の絆を感じた。

彼女は、ウォルシュ氏にわたしの本のことを話したのだが、彼は忙しすぎて、まだ読んでいないということだった。

わたしの中のエゴは、彼からの支援が欲しいと望んでいたが、キャシーとわたしは、二人とも、その結果を天に任せようと、それを宇宙の計らいに預けることにしようと了承しあっていた。

数日後、彼女が彼に出すレポートを印刷していた時、余分な一枚の白い紙が、わたしのプリンターから出てきていたのとまったく同じハートが、四つ付いたものが出てきた。

彼女は歓喜し、わたしに電話をしてきて話してくれた。

わたしは、その四つのハートはシグナルなのだと感じた。

一つはアルバートで、ほか三つはキャシーと彼女の二人の子どもたちを現していると思った。

翌朝、彼女はその小さな四つのハートをウォルシュ氏に見せた。彼と彼の妻のナンシーは、韓国とヨーロッパへ向けて旅立つ準備をしているところだった。彼は、キャシーにわたしの原稿をほかのいくつかのものと一緒に彼の読書用の荷物に入れるようにと伝えた。

何週間かが過ぎたが、ウォルシュ氏からは何の連絡もなかった。

それから、ある夜遅く、ビリーが、かすかな鳴き声で熟睡していたわたしを起こした。わたしは起き上がり、Eメールをチェックした。

するとなんと、そこにはウォルシュ氏からのはしがきが届いていた。

それは、とても美しく、わたしの目は涙であふれた。そして彼からの心のこもった言葉によって、わたしの話がより多くの人々に届けられるだろうことをわたしは確信したのだった。

それからわたしは、もう一つの〝偶然〟が起こっていたことに気がついた。

わたしは、ベッドの向かい側にかけてある版画を宝物のように思っていた。

それは、わたしとアルバートが一緒に買い求めた最後の品で、一八世紀のイタリア人の芸術家、ジュゼッペ・バッシ作。なかなかの作品だ。

アルバートが亡くなる二、三週間前にわたしは彼を〝安売りショップ〟に連れて行き、わたし達はこれをたったの一〇〇ドルで手に入れたのだった。

それ以来、わたしは毎日毎日それを眺め、今では我が家のキースのお気に入りとなっている。

わたしは当初、これほど美しいものをこれほど安く見つけることができたことが奇跡だと思っていた。

だが、わたしは間違っていた。

その作品は、アルノ川からの眺めで、ニール・ドナルド・ウォルシュ氏がわたしへのはしがきを書くことに結びついた閃きを感じた時、まさに彼が立っていたところの直ぐ近くだったのだ。

今、わたしは祈るとき、わたしの本を手に取り心に留めてくれた読者のあなた方や、自分自身でこのようなシグナルを経験したことのあるあなた方が、その言葉を広めてくれるようにとしばしば願う。

わたし達の青い小さな惑星に霊的な目覚めが起きつつあり、そしてそれはわたし達に与えられる最も素晴らしい贈り物であるのだ。

わたしは、この贈り物を体験した人々が、まだそれらを経験していない人々に〝希望〟を差し出す任務を持っているのだと信じている。

わたしの人生で、またあなた方の人生で、これらの出来事は、単なる事故や偶然というだけではない。

それらは、わたし達すべての集団的意識に影響するのであり、より好《よ》い生き方、より望まれる世界をわたし達みんなのために、創っていく力があるのだ。

読者のあなたが、前進し、愛にあふれた思いやりのある、そして希望のメッセージをほかの人々へ運び、伝えていくようにわたしは祈りを捧げるものである。

♥

アルバート・フリーツを偲んで
1961年10月5日―1994年6月1日

「Tis not the many oaths that make the truth, But the plain single vow that vow'd true」
― William Shakespeare【All's well That Ends Well】

「何度繰り返し約束されたかが真実を語ることにとって重要なのではない。心から直に送られた、ただ一度の誓いがその真実を語るのだ。」ウィリアム・シェイクスピア
「終わりよければ全て好し」より

Joel Rothschild

ジョエル・ロスチャイルド氏は、長期間のエイズ・サバイバーのひとりである。彼は、フロリダ州マイアミ・ビーチで生まれ育った。フロリダ・アトランティック大学を卒業後、趣味でもあったボディビルを続け、それを生かしてジョージア州アトランタにスポーツ・ジムを開いた。これが即時に成功し、アーノルド・シュワルツネッガー、ブルース・スプリングスティーンなどのセレブレティ（著名人）を惹きつけた。

アトランタで数年を過ごした後、彼はその居をロサンゼルスへと移した。以来、彼はそこに住み、彼の医師たちによる彼の死の予測を越えて、生き続けている。彼を診断した医師のうちの二人よりも長生きしている。彼は、エイズ運動家として活動し、いくつかのチャリティを支えボランティアで活動している。彼は、ガーデニング、体を動かすエクササイズ、そして、詩を書くことなどを趣味としている。

ジョエル・ロスチャイルド氏連絡先
P.O.Box 38773
Los Angeles,CA 90038 USA
E-mail:Abook4all@AOL.com
Website:www.joelrothschild.com

訳者：田原さとり
高校卒業後、渡米。バーモント州 School for International Training で異文化に興味を持つ。その後、霊気、輪廻転生など幅広く精神世界に惹かれ、探究を続けている。

シグナル　愛する者たちからのスピリチュアル・メッセージ

平成17年11月9日　第1刷発行
平成17年12月2日　第2刷発行

著者　ジョエル・ロスチャイルド
発行者　日高裕明
2005　Printed in Japan

発行　ハート出版
〒171-0014
東京都豊島区池袋3－9－23
TEL03-3590-6077　FAX03-3590-6078
ハート出版ホームページ　http://www.810.co.jp

乱丁、落丁はお取り替えします。
その他お気づきの点がございましたら、お知らせ下さい。
ISBN4-89295-524-8
編集担当／藤川　印刷／中央精版